3월의 모든 역사

세계사

3月

3월의 모든 역사

● 이종하 지음

디오네

매일매일 일어난 사건이 역사가 된다

역사란 무엇일까. 우리는 왜 역사에 관심을 갖는 것일까.

이 책을 쓰는 내내 머릿속을 맴돌던 질문이다.

아널드 토인비는 역사를 도전과 응전의 개념으로 설명한 바 있다. 그것은 인류사 전체를 아우르는 커다란 카테고리를 설명하기에는 더없이 좋은 개념이다. 그러나 미시적인 문제로 들어가면 이야기가 달라진다. 나일 강의 범람 때문에 이집트에서 태양력과 기하학, 건축술, 천문학이 발달하였다는 것은 도전과 응전으로 설명이 가능하지만, 예술사에서 보이는 사조의 뒤섞임과 되돌림은 그런 논리만으로는 설명이 안 된다.

사실 역사란 무엇인가에 대한 관심은 대학 시절 야학 교사로 역사 과목을 담당하면서 싹텄다. 교과서에 나와 있는 대로 강의를 하는 것은 죽은 교육 같았다. 살아 있는 역사를 강의해야 한다는 생각에 늘 고민이 깊었다. 야학이 문을 닫은 후에 뿌리역사문화연구회를 만든 것도 그런 고민을 해결하지 못했기 때문이다.

약 10년간 뿌리역사문화연구회를 이끌면서 '어린이와 청소년을 위한 교실 밖 역사 여행' '어린이 역사 탐험대'를 만들어 현장에서 어린이와 청소년을 만났다. 책으로 배우는 역사와 유적지의 냄새를 맡으며 배우는 역사는 느낌이 전혀 달랐다. 불이학교 등의 대안학교에서 한국사 강의를 맡았을 때도 그런 느낌은 피부로 와 닿았다.

그렇다고 역사를 현장에서만 접해야 한다는 것은 아니다. 역사 자체는 어차피 관념 속에 있는 것이며, 그것이 우리에게 구체적으로 구현되는 것은 기록을 통해서이기 때문이다. 역사는 과거이며, 그 과거는 기록으로 존재한다. 그러나 현재에 펼쳐진 과거의 기록은 현재를 해석하는 도구이고, 결국 미래를 향한다.

이 책은 매일매일 일어난 사건이 역사가 된다는 사실에 기초하여, 1월 1일부터 12월 31일까지 일어난 중요한 사건들을 날짜별로 기록한 것이다. 사건의 중요도에 따라 집필 분량을 달리하였으며, 『1월의 모든 역사 - 한국사』『1월의 모든 역사 - 세계사』처럼 매월 한국사와 세계사로 구분하였다. 1월부터 12월까지 총 24권에 걸쳐 국내외에서 일어난 중요한 역사적 사실들을 흥미진진하게 담았다.

이 책에 나와 있는 날짜는 태양력을 기준으로 하였다. 음력으로 기록된 사건이나 고대의 기록은 모두 현재 사용하는 태양력을 기준으로 환산하여 기술하였다. 고대나 중세의 사건 가운데에는 날짜가 불명확한 것도 존재한다. 그것들은 학계의 정설과 다수설에 따라 기술했음을 밝힌다.

수년에 걸친 작업이었지만 막상 책으로 엮으니 어설픈 부분이 적지 않게 눈에 들어온다. 앞으로 그것들은 차차 보완을 거쳐 이 시리즈만으로도 인류 역사의 대부분을 일견할 수 있도록 만들고 싶다.

이 책을 쓰다 보니 매일매일을 성실하게 노력하며 살아야겠다는 생각이 든다. 매일매일의 사건이 결국 역사가 되기 때문이다.

이종하

3월 16일 • 143

후쿠자와 유키치, 탈아론脫亞論을 발표하다 │ 미국 물리학자 고더드, 세계 최초의 액체 연료 로켓 발사 │ 미국, 다우존스 주가 지수 1만 돌파 │ 미국 웨스트포인트 사관 학교 설립 │ 영국 정치가 체임벌린 사망하다 │ 이탈리아 전 수상 알도 모로, 붉은 여단에 납치 │ 독일 물리학자 게오르크 옴 태어나다

3월 17일 • 151

로마 황제이자 철학자였던 아우렐리우스 사망하다 │ 독일 과학자 다임러 태어나다 │ 필리핀 대통령 막사이사이 사망하다 │ 오스트리아 물리학자 도플러 사망하다 │ 칭기즈 칸, 사마르칸트 정복하다 │ 이스라엘 최초의 여성 총리 골다 메이어 취임 │ 『생의 한가운데』의 저자 루이제 린저 사망하다 │ 미국, 이라크에 사실상 선전 포고

3월 18일 • 163

타이완 천수이볜 총통 당선 │ 독일 발명가 디젤 태어나다 │ 독일 출신의 정신 분석학자 프롬 사망하다 │ 프랑스, 파리 코뮌 결성 │ 프랑스 상징파 시인 말라르메 태어나다 │ 티베트의 달라이 라마 망명

3월 19일 • 173

『천일 야화』 번역자 버턴 태어나다 │ 영국 고고학자 에번스, 크노소스 궁전 발굴 │ 소련 보스토크 2호, 인류 최초 우주 유영 성공

3월 20일 • 181

근대 연극의 아버지 입센 태어나다 │ 네덜란드 동인도 회사 설립 │ 미국, 이라크를 침공하다 │ 일본의 옴 진리교, 도쿄 지하철에 독가스 살포 │ 헝가리 혁명 지도자 코슈트 사망하다 │ 로마 시인 오비디우스 태어나다 │ 미국 심리학자 스키너 태어나다 │ 튀니지, 프랑스에서 독립

3월 1일

1810년 3월 1일

'피아노의 시인' 프레데리크 쇼팽 태어나다

오랜 옛날 한 용감한 기사가 리투아니아 지방의 깊은 숲 속에 있는 호수의 비밀을 캐려고 했다. 그는 커다란 그물을 만들어 호수 깊은 곳에 던졌다. 그물을 걷어보니 창백하면서 매우 아름다운 아가씨가 그 속에 있었다.

"리투아니아 마을의 남자들이 전쟁에 나갔을 때 러시아의 군인들이 마을로 침입했어요. 저는 잡힐 바에야 차라리 죽게 해달라고 기도를 했죠. 그랬더니 곧 엄청난 지진이 일어나 마을이 호수 속으로 사라져 버렸어요. 그 후 저는 연꽃으로 변해 호수를 지키게 된 거죠."

말을 마친 아가씨는 호수의 신비를 캐지 말라는 말을 기사에게 남긴 채 다시 호수로 들어갔다.

-미츠키에비치, 「물의 요정」

19세기를 대표하는 낭만파 피아니스트이며 피아노만을 위해 음악을 작곡한 '피아노의 시인' 프레데리크 프랑수아 쇼팽(Fryderyk Franciszek Chopin : 1810~1849). 그는 피아니스트들이 누구보다도 사랑하는 작곡가이다. 쇼팽의 선율은 언제나 쉽게 이어지면서도 감수성이 매우 풍부하다는 인정을 받는다.

쇼팽 연구가들은 특히 그의 발라드를 가장 천재성이 돋보이는 작품으로 평가하기도 한다. 발라드는 원래 이야기에 곡조를 붙여서 부른 이야기 시詩로서 민요의 일종이다. 이런 종류의 민요는 옛날부터 어느 나라에나 있었다. 하지만 쇼팽은 가사가 없는 기악을 위한 발라드를 만들어 냈다.

쇼팽은 4개의 발라드를 남겼는데, 그중에서도 아르투르 루빈스타인(Arthur Rubinstein : 1887~1982)의 「발라드 3번」(Op. 47) 연주가 유명하다. 이 곡의 배경이 바로 앞에서 소개한 아담 베르나르트 미츠키에비치(Adam Bernard Mickiewicz : 1798~1855)의 시 「물의 요정」이다.

쇼팽은 이 이야기를 음악으로 만들면서 처음에는 목가적이고 소박한 아름다운 멜로디로 표현한다. 그러다가 프레스토 콘 푸오코라는 광폭한 폭풍이 느껴지는 형식으로 마무리하고 있다.

쇼팽은 1810년 3월 1일 폴란드 바르샤바에서 태어났다. 그의 아버지는 프랑스인이었고, 어머니는 폴란드인이었다. 그러나 쇼팽은 태어나서 성년이 될 때까지 폴란드에서 활동하였기 때문에 폴란드인의 민족의식을 갖고 살았다.

그의 피아노 소나타 「장송 행진곡」(Op. 35)은 '음악의 역사를 통하여 이만큼 심각하고 애절한 장송 행진곡은 없다'라는 찬사를 들을 정도로 조국을 잃은 애절함을 절절히 담고 있다. 쇼팽의 전기 작가 모리츠 카라소프스키가 "이러한 장송 행진곡은 그 사람의 마음속에 국민 전체의 고통과 비탄을 담고 있어야만 쓸 수 있는 것이다."라고 감탄했을 정도이다.

쇼팽은 1826년 가을 바르샤바 고등 음악학교에서 작곡 등 음악 이론을 배우기 시작하였다. 이때 학장이었던 엘스너는 쇼팽의 특출한 재능을 알아보았다. 1829년 쇼팽이 고등 음악학교 교육을 마치자 엘스너는 다음과 같은 기록을 남겼다.

'쇼팽, 3학년, 놀라운 재능, 음악의 천재.'

1830년이 되자 쇼팽은 음악을 공부하기 위해 유럽 여행을 떠났다. 그러나 그가 프랑스와 이탈리아를 여행하던 중 조국 폴란드에서 혁명이 일어났다. 그는 혁명에 큰 기대를 걸었으나 러시아군이 곧바로 바르샤바로 진군해 혁명을 진압했다. 혁명이 실패했다는 소식을 들은 쇼팽은 피아노 에튀드 「혁명」(Op.10, No.12)을 작곡하였고, 결국 조국으로 돌아갈 수 없게 되었다.

이후 쇼팽은 파리에서 피아니스트로 데뷔해 프란츠 리스트(Franz Liszt : 1811~1886), 엑토르 베를리오즈(Hector Berlioz : 1803~1869), 하인리히 하이네(Heinrich Heine : 1797~1856), 오노레 드 발자크(Honore de Balzac : 1799~1850) 등 당대의 저명한 예술가들과 교류하였다. 폴란드 혁명 실패를 안타까워하던 프랑스 예술가들은 쇼팽의 피아노 연주를 주목했다. 여러 유명 인사가 그를 추천했기 때문에 쇼팽이 명연주가로 자리를 잡는 데는 오랜 기간이 걸리지 않았다. 그리고 곧 작곡가로서도 이름을 날리기 시작했다.

1836년에는 리스트의 소개로 운명의 여인 조르주 상드(George Sand : 1804~1876)를 만났다. 사교계의 여왕이던 상드는 쇼팽보다 6살이 많았으며 활발한 성격을 가졌는데, 쇼팽의 섬세하고 여성적인 성격과 잘 어울렸다. 당시의 사람들은 상드를 가리켜 '불꽃의 여인'이라고 불렀다. 그녀가 살아온 삶이 그랬고, 병약한 천재 음악가에 바친 사랑 또한 정열의 불꽃으로 타올랐기 때문이다.

그러나 쇼팽은 결핵을 앓고 있었다. 1848년, 그동안 앓아 왔던 결핵이 악화되어 더 이상 피아노를 연주할 수 없게 되었고 이듬해인 1849년 파리에서 숨을 거두었다. 쇼팽의 유해 위에는 그가 고향을 떠날 때 챙겨 왔던 폴란드의 흙이 흩뿌려졌으며, 그의 유언에 따라 심장은 폴란드의 바르샤바 성 십자가 교회에 안치되었다.

쇼팽은 피아노가 표현할 수 있는 모든 음악적 가능성을 실현했다는 평을 받는다. 개량된 피아노의 페달과 해머를 잘 이용하여 부드럽고 끊이지 않는 음색을 표현하였고, 독주 악기로서의 피아노의 위치를 격상시켰고, 낭만주의의 모든 피아노 음악 형식을 만들었다.

그가 남긴 작품으로는 4개의 발라드와 수많은 왈츠, 에튀드, 스케르초와 마주르카, 폴로네즈 그리고 협주곡 등이 있다.

1996년 3월 1일

제1차 아시아 유럽 정상 회의ASEM 태국 방콕에서 개막

아시아 유럽 정상 회의(ASEM : Asia-Europe Meeting)는 한 · 중 · 일을 포함한 아시아 10개국과 유럽 연합EU 15개 회원국의 국가 원수, 정부 수반, 그리고 EU 집행 위원장 등이 모여 2년에 한 번씩 개최하는 회의이다.

20세기 후반, 미국과 러시아를 중심으로 한 냉전 체제가 붕괴되고 전 세계적으로 경제·사회적인 세계화 물결이 일어났다. 이에 발맞춰 아시아·북아메리카·유럽 등 3개 대륙을 중심으로 한 새로운 국제 질서가 형성되기 시작했다.

유럽 주요 국가들은 높은 성장세를 보이는 한국·홍콩·싱가포르 등 아시아 신흥 경제국들에 관심을 보였으며, 아시아의 신흥 경제국 역시 유럽과의 관계 강화 필요성을 인식하였다.

이에 1994년 10월 아시아와 유럽의 국가 정상들이 한자리에 모여 아셈ASEM 창설을 제의했다. 1996년 3월 1일 제1차 아셈 회의가 태국 방콕에서 개최되었고, 2000년 10월에는 아셈 제3차 회의가 대한민국 서울에서 개최된 바 있다.

1932년 3월 1일

일본, 만주국을 수립하다

20세기 초 일본은 러일 전쟁(1905)과 만주 사변(1931)을 통하여 중국의 동북 지방을 장악하기 시작했다. 그리고 1932년 3월 1일, 청나라 마지막 황제인 선통제 푸이를 집정으로 세운 뒤 신징(오늘날의 창춘)을 수도로 삼아 만주국을 수립하였다.

당시 만주국은 독립국처럼 위장하였으나 사실은 일제 식민지 국가의 한 변형이었다. 국가 수립 과정부터 통치 형태에 이르기까지 일본 특히 관동군과 일본인 관리들에 의하여 완전히 조종되는 괴뢰 국가에 지나지 않았다. 이후 만주국은 제2차 세계 대전에서 일본이 패함과 동시에

소멸되었다.

—

2001년 3월 1일

탈레반, 고대 석불을 파괴하다

—

아프가니스탄의 탈레반 정권이 수도 카불의 북서쪽에 위치한 바미안의 고대 석불 파괴를 선언한 후, 2001년 3월 1일 석불 파괴를 시작하였다.

종교적인 이유로 세계적인 문화유산을 파괴한 이 행위에 대하여 국제 사회는 강력한 비난을 퍼부었다. 당시 미국 뉴욕의 메트로폴리탄 박물관은 고대 유물의 국외 이전을 요청하였다. 태국, 스리랑카, 네팔 등의 불교 국가와 EU, 러시아, 인도는 물론 이집트와 파키스탄 등의 이슬람 국가들도 탈레반의 파괴 선언을 비난하고 나섰다.

중국 당나라의 현장 등이 방문하여 더욱 유명한 바미안은 상업의 요충지이자 불교로 번성한 고대 도시이다. 특히 약 1,500년 전 제작한 거대 석불 2개(각각 53m, 37m)는 세계 각국의 관광객을 끌어 모으는 중요한 문화유산이었다.

그러나 이슬람 근본주의를 표방하는 탈레반은 이를 거짓 우상 숭배의 상징으로 판단하고 아프가니스탄 내의 불교 유적을 차례차례 파괴한 것이다.

1947년 3월 1일

국제 부흥 개발 은행 업무 개시

일반적으로 세계은행World Bank이라 불리는 국제 부흥 개발 은행(IBRD : International Bank for Reconstruction and Development)은 1944년 7월에 조인한 브레튼우즈 협정을 기초로 해 1945년 12월에 설립되었고 1947년 3월 1일에 첫 업무를 시작하였다.

국제 부흥 개발 은행의 설립 목적은 제2차 세계 대전 후의 세계 경제 부흥과 경제 개발 원조이며, 현재는 주로 개발 도상국에 대한 원조 기관의 역할을 수행하고 있다. 국제 통화 기금IMF이 국가 간의 규율 있는 수지를 유지하기 위한 협력 기구인 데 반해 세계은행은 기본적으로 개발 기구인 점에서 차이가 있다.

3월 2일

—

1931년 3월 2일

소련 대통령 미하일 세르게예비치 고르바초프 태어나다

—

고르바초프가 고향의 농업 담당 서기로 있을 때의 일화이다. 고르바초프가 승용차로 지방 도로를 가고 있었는데, 앞에서 감자를 가득 채운 트럭에서 감자가 떨어지기 시작했다. 고르바초프는 헤드라이트를 번쩍이며 감자가 떨어지고 있다고 알려 주었다. 그렇지만 트럭은 그 사실을 모른 채 계속 달리기만 했다. 그는 트럭을 뒤따라갔다. 트럭은 어느 커다란 창고에 가서야 겨우 멈추었고 이때 그는 운전사에게 말했다.

"감자가 떨어지는 걸 알았을 텐데, 빨리 차를 멈추고 담아야 하지 않습니까?"

트럭 운전사가 이상하다는 눈길을 보내며 말했다.

"나의 임무는 시간에 맞추어 감자를 실어 나르는 것이지, 떨어지는 것은 내 알 바가 아니오. 만일 그러다가 창고에 옮기는 시간에 맞추지 못하면 벌점을 받는단 말이오."

이때 고르바초프는 소비에트 경제 체제의 근본적인 모순과 침체 원인을 절감하였다.

‘페레스트로이카(개혁)’와 ‘글라스노스트(개방)’ 그리고 냉전 해체의 주인공. 미하일 세르게예비치 고르바초프(Mikhail Sergeyevich Gorbachyov : 1931~)는 20세기 정치사에 있어 가장 중요한 인물 중 한 사람으로 평가받는다. 미국의 여류 문명 비평가 게일 쉬이는 그를 일컬어 ‘공산주의 최후의 로맨티스트, 세계를 변화시켰지만 자기 나라를 잃어버린 남자’라고 표현하였다.

고르바초프는 1931년 3월 2일 남부 러시아의 작은 농촌 마을에서 태어났다. 아버지는 농업 기술자였으며 고르바초프 역시 13살 때부터 농사일을 시작했다. 1946년 공산주의 청년 동맹에 가입해 4년 동안 국영 농장에서 일한 다음, 1950년 국립 모스크바 대학교의 법학부에 입학하였다.

1952년 정식으로 소련 공산당에 입당한 고르바초프는 이듬해 라이사 막시모브나를 만나 결혼하였다. 1955년 박사 학위를 취득한 고르바초프는 소련 공산당의 여러 직책을 거쳤다. 특히 1980년 정치국원을 지내면서 능력을 인정받았다.

1985년 3월, 서기장이었던 체르넨코가 사망하자 정치국에서는 최연소 위원인 미하일 고르바초프를 소련 공산당 서기장으로 선출했다. 당시 54세였던 고르바초프는 이후 공산주의 체제에 대한 비판을 스스럼없이 수용하는 등 이전까지 상상도 못했던 개혁을 추진하여 세계적인 관심을 받았다.

“우리는 변해야 합니다. 내일을 살아야 합니다. 여러분도 국가도 개혁돼야 합니다.”

소련 국민들 역시 최고 권력자인 당서기장이 시장 바닥에 나타나 자신들과 허물없이 대화를 나누는 데 놀랐고, 그가 쏟아낸 말이 예전에는 상상조차 할 수 없던 내용이어서 더욱 놀랐다.

사실 고르바초프 선출 당시 소련 경제는 말이 아니었다. 1964년부터 1982년 사이에 2만 4,000개의 공장이 문을 닫았고, 4,000만 명의 근로자들이 최저 생계비 이하로 살아갔다. 소련의 경제 파탄은 단순히 국내 정치 문제, 공산주의 체제의 비효율성 때문만은 아니었다. 이는 자본주의 국가와 공산주의 국가의 극단적인 대결, 즉 냉전 체제가 가장 큰 이유였다.

고르바초프는 경제 침체와 외교적 고립이라는 문제를 해결하기 위해 대내적으로는 페레스트로이카, 대외적으로는 글라스노스트라는 실용적인 정책을 펼쳤다. 국내의 경제 발전을 위해 국가의 간섭을 줄이고 기업과 지방의 자율권을 확대하였으며, 시장 경제 제도를 들여오고 무역 확대를 추진하였다. 또 대통령제를 도입하는 등의 다양한 정치 개혁을 실시하였다. 1989년에는 소련 최초의 다당제 선거를, 1990년에는 대통령 선거를 치렀으며 이때 고르바초프는 초대 대통령으로 선출되었다.

한편 그는 효율적인 국내 개혁을 위해 외교적 부담을 줄여야만 했다. 고르바초프는 냉전 종식을 위해 적극적인 움직임을 취했고, 서방 언론과 지도자 들은 그에게 열렬한 찬사를 던졌다. 당시 영국의 대처 수상은 "모처럼 말이 통하는 크렘린 지도자를 만났다."고 평가할 정도였다. 고르바초프는 소련을 '악의 제국'이라고 했던 미국의 40대 레이건(Ronald Wilson Reagan : 1911~2004) 대통령과 두 차례 회담을 통해 중거리 핵무기 폐기 조약을 체결했고(1987), 아프가니스탄에서 소련군을 철수했다(1988). 독일의 베를린 장벽이 붕괴되던 날 강경 보수파들이 군대 동원을 요구했을 때 "역사의 흐름을 무시하지 마라"는 말과 함께 그들의 요구를 묵살했다.

그의 개혁 정책은 외교 면에서는 큰 성과를 얻었지만 국내 정치 및 경제에서는 부분적인 성과에 그쳤다. 경제적으로는 혼란스러웠고 연방 내 공화국 사이의 갈등은 깊어졌다. 특히 페레스트로이카로 불이익을 받게 된 관료층과 공산당원, 군부, 군수 산업 종사자 등의 저항 세력이 등장하게 되었다.

소비에트 사회주의 공화국 연방을 구성하는 공화국들의 권한이 강화되어 연방 해체 문제가 대두된 것은 고르바초프의 발목을 잡았다. 이는 보수 강경 세력의 쿠데타를 초래하는 결과가 되었기 때문이다. 결국 고르바초프는 쿠데타 진압에 앞장섰던 급진 개혁주의자 옐친에게 정치적 주도권을 넘기게 되었다. 소련 공산당이 해체되고 페레스트로이카로 대변되는 고르바초프의 정치가 끝나는 순간이었다.

그러나 고르바초프는 사회주의 국가뿐 아니라 전 세계에 영향을 미쳤으며, 그의 개혁과 개방은 소련 해체 이후 오늘날의 러시아를 이끌어 갈 경험으로 크게 작용하고 있다.

1969년 3월 2일

중국과 소련, 우수리 강에서 무력 충돌

1969년 3월 2일 우수리 강가의 다만스키 섬에 매복 중이던 중국 국경 수비군 300명이 소련 순찰대를 공격해 30여 명을 사살했다.

중국이 소련과 국경 분쟁을 일으킨 것은 소련의 브레즈네프 서기장이 동유럽 국가들의 이탈 방지를 목적으로 체코슬로바키아를 침공했던 것과 관련이 있다. 당시 중국은 무력 분쟁을 통해 자신들이 소련에 맞설 수 있다는 교전 의지를 과시하고자 했다. 그에 따라 계획적인 매복 작전을 실행한 것으로 알려졌다. 이것은 소련 중심 공산주의 사회의 해체가 시작되었음을 상징적으로 보여 주는 사건이었다.

두 번째 전투는 2주 후인 3월 15일에 발생하였으며, 소련은 주전차, 장갑차, 야포 등 다양한 현대식 무기를 동원하여 중국군을 공격하였다. 이 결과 중국은 800명, 소련은 60명의 사상자가 발생하였다.

그해 9월 소련의 코시긴과 중국의 저우언라이 사이에 국경 협상에 관한 합의가 이루어졌다. 그러나 이후의 국경 회담에서는 국경선을 확정하지 않고 현상 유지를 하는 것만 합의하였다. 불씨는 여전히 살아 있는 셈이다.

1956년 3월 2일

모로코, 프랑스에서 독립하다

모로코는 아프리카 서북쪽에 위치한 이슬람 국가로 고대에는 매우 번창하였던 카르타고의 항만 도시였다. 그러나 포에니 전쟁(B.C. 264~B.C. 146)에서 패배하여 로마의 속주가 되었다. 7세기 후반에는 이슬람교가 도입되었다.

유럽 국가들은 15세기 무렵부터 모로코를 침략하기 시작했으나 번번이 실패하였다. 그러나 결국 1830년에 프랑스령이 되었고, 1912년에는 프랑스와 에스파냐의 보호령으로 분할되었다.

　마침내 1956년 3월 2일, 모로코는 프랑스로부터 독립하였고 에스파냐 역시 보호령을 포기하였다. 이에 따라 모로코는 입헌 군주국을 세웠고, 초대 국왕으로는 술탄 벤 유세프가 등극하였다.

1894년 3월 2일

러시아 생화학자 오파린 태어나다

알렉산드르 이바노비치 오파린(Aleksandr Ivanovich Oparin : 1894~1980)은 1894년 3월 2일 러시아 우글리치에서 태어나 모스크바 대학교에서 식물 생리학을 전공하였다.

　그는 생명의 기원에 대해 연구하였다. 그에 따르면 생명은 수소·탄소·질소, 그리고 산소와 같이 우주상에 널리 존재하는 무기물에서 기원한다. 이들의 결합은 유기물로 발전하였고 이것이 생명의 기원이 된다고 보았다.

　이것은 기존의 생명발생설을 과학적 입장에서 비판한 것으로, 지구의 초기 상태에서 생명이 발생해 현재 형태로 진화하기까지의 과정에 대한 개요를 제시한 것으로 평가 받는다.

　주요 저서로『지구상의 생명의 기원』『창세기와 진화 발전』등이 있다.

1906년 3월 2일

이토 히로부미, 조선의 초대 통감으로 취임

1885년에 초대 내각의 총리대신이 된 이토 히로부미(伊藤博文 : 1841~1909)가 1906년 3월 2일 조선의 초대 통감으로 취임하였다. 그는 여기에서 조선을 식민지화시키려는 기초 공작을 수행하였고, 1910년 조선은 일본의 식민지가 되었다.

3월 3일

353년 3월 3일

진晉나라 서예가 왕희지, 『난정집서』를 짓다

흐르는 물 끌어당기어 잔 띄우는 물굽이를 만들고 앉았도다.

화려한 노랫소리 들리지 않지만

술 한 잔에 시 한 수씩 읊으니

그윽한 정취 널리 퍼지는구나.

맑고 푸른 하늘에 따뜻한 바람이 불어오니

머리를 들어 하늘의 넓음을 우러르고

고개를 숙여 만물의 풍성함을 살피는도다.

경치를 둘러보며 정회를 펼치니

보는 즐거움 끝이 없어 기쁘기 한이 없네.

-왕희지, 『난정집서』

이 글은 왕희지(王羲之 : 307~365)가 51세 때에 흥에 겨워 쓴 작품으로, 『난정집서蘭亭集序』『난정서蘭亭序』『삼월삼일난정시서三月三日蘭亭詩序』등으로 불리고 있다.

행서行書를 잘 써 '행서의 용龍'으로 칭송받고 있는 왕희지는 동진東晉 영화 9년인 353년 3월 3일에 명승지 난정에서 성대한 모임을 가졌다. 이 날은 물가에서 몸을 씻어 1년의 재앙을 떨어버리는 수계修禊 행사를 치르는 날이었다. 이때 참석했던 사람들은 모두 시문에 뛰어나서, 각자 시를 지어 모아 한 권의 시집을 만들어 이 날을 기념하기로 했다. 이에 왕희지가 『난정집』의 서문을 쓰게 된 것이다. 『난정집서』는 후에 당 태종이 죽을 때 관 속에 같이 넣게 함으로써 진본이 세상에서 사라지고 현재는 모사본만이 남아 그 대략만 엿볼 수 있게 되었다.

진晉나라의 서예가로 이름 높은 왕희지는 서기 307년 현재의 산둥 성에서 태어난 것으로 추정된다. 그의 아버지인 왕광은 회남 태수를 지냈으며 형제들도 모두 높은 관직에 올랐다.

그러나 왕희지가 태어난 지 얼마 되지 않아 아버지가 죽었고, 서진의 황실 사이에서 분쟁이 발생하였다. 이때 북쪽에 있던 민족들이 침입하여 서진은 멸망하고 수도를 옮겨 동진東晉이 318년에 세워졌다. 동진은 백제에 불교를 전해준 마라난타가 있던 나라로 우리에게 잘 알려져 있다. 왕희지는 큰아버지의 도움을 받고서야 공부를 할 수 있었다.

귀족 출신의 왕희지는 청년 시절 정치적 권세와 헛된 명성에 그다지 마음을 두지 않고 살았다. 한 번은 태위太尉의 직책에 있는 치감이란 자가 쟁쟁한 왕 씨 집안과 혼인을 맺으려 했다. 왕 씨 자제 중 뛰어난 청년을 사위로 삼고 싶다는 말을 전해 온 것이다. 왕희지인 큰아버지인 왕도는 이를 허락하면서도, 직접 사윗감을 골라 보라 했다.

왕 씨 자제들은 막강한 권력을 가진 태위가 사람을 보내 사윗감을 고른다는 소식을 듣자 모두 흥분하여 평소의 망나니 짓거리를 멈추고 점잔을 뺐다. 그런데 한 소년만이 이 일을 아는지 모르는지 별 생각이 없는 듯 동쪽 침상에 누워 옷을 풀어 헤치고 배를 드러낸 채 평소처럼 큰 떡을 먹고 있었다.

심부름꾼이 돌아가 왕 씨 자제들에 대한 이야기를 일일이 고하자 치감은 아무런 상관없이 동쪽 침상에 누워 떡을 먹던 그 소년이야말로 자기가 찾던 사윗감이라 생각했다. 그래서 다시 사람을 보내 그 소년의 이름을 알아보니 바로 왕희지였다.

후에 치감은 기분 좋게 딸을 시집보냈다. 이것이 바로 '배를 드러내 놓고 동쪽 침상에 눕다(단복동상袒腹東牀)'는 고사이다. 사람들이 사위를 '동상쾌서東牀快壻'라 하는 것은 여기에서 연유하는 것이다.

그러나 그의 귀족적인 배경은 그가 초야에서 자유를 누리도록 내버려 두지 않았다. 왕희지는 351년 집안의 소유지였던 회계에 부임하여 우군 장군, 회계 내사로 부임하게 되었는데, 이때에 『난정집서』를 만들게 되었다. 그러나 355년 벼슬에서 물러나 경치가 아름다운 회계에서 청담을 나누고 도사를 따라 약초를 캐며 남은 생을 보냈다.

왕희지는 서진의 여류 서예가인 위부인의 글씨를 배웠고, 뒤에 한나라와 위나라의 비문을 연구하여 해서 · 행서 · 초서의 각 서체를 완성하여 서성書聖이 되었으며 서예를 예술의 경지에까지 올려놓았다. 훗날 당 태종은 그의 글씨를 사랑하여 다음과 같은 격찬을 아끼지 않았다.

마치 연기가 길게 뻗어 있고 이슬이 맺혀 있는 듯하네. 그 모습은 끊어질 듯하다가 다시 이어지며, 봉황이 날아오르고 용이 뒤얽혀 있는 듯하도다.

　　왕희지가 활약하던 시대의 문화를 '육조 문화'라고 하는데, 이는 중국 대륙에 동진을 비롯하여 오 · 송 · 제 · 양 · 진의 6개의 나라가 있었기 때문이다. 육조 문화의 특징은 귀족적인 성격을 띠었으며, 정치와 같은 세속에서 벗어나려는 성격이 짙었다. 왕희지는 이 시기의 대표적인 인물이었다.

1847년 3월 3일

전화기 발명자 벨 태어나다

　　세상에는 위대한 발명품들이 적지 않다. 우리는 그것을 최초로 발명한 사람을 위대하다고 여기고 위인전을 써서 그의 업적을 기리고 있다.

　　하지만 최초로 발명하였다고 해서 항상 위대해지는 것은 아니다. 오히려 조금 뒤늦게 발명하였더라도 그 나라의 국력이나 사회의 인식, 운과 같은 전혀 다른 이유에 의해 위인이 되기도 한다.

　　알렉산더 그레이엄 벨(Alexander Graham Bell : 1847~1922)은 1847년 3월 3일 영국 에든버러에서 태어나 런던 대학교에서 의학을 공부하였다. 그는 1871년 미국으로 이주하였으며, 그의 아버지는 보스턴에서 농아 학교를 운영하였다.

　　벨은 보스턴 대학교에서 음성 생리학을 가르쳤고 동시에 전기 통신에 흥미를 가져 전화기 실험을 시작했다. 그는 진동판과 전자석의 연결에 따라 소리를 전류로 바꾸어 전할 수 있다는 생각으로 연구에 연구를 거듭해 마침내 전화기 발명에 성공했다. 벨은 곧 워싱턴의 특허청에 전화기 특허를 신청했다. 1876년 2월 15일 오후 1시 무렵이었다.

그런데 같은 날 오후 2시 무렵, 엘리사 글레인이라는 사람이 특허청으로 찾아와 역시 전화기의 특허를 신청했다. 그러나 이미 한 시간 전에 벨이 특허를 신청해 버린 후였고, 전화기 특허는 사흘 후 벨에게 돌아갔다.

벨은 이후 농아가 생기는 이유와 농아들의 언어 학습법을 연구했으며 축음기 개량, 비행기 연구 등 많은 업적을 쌓았다. 또 과학 잡지 『사이언스』를 창간하는 등 활발한 활동을 벌이다가 1922년 사망하였다.

한편 필립 라이스(Philipp Reis : 1834~1874)라는 인물은 벨보다 전화기를 먼저 발명한 사람이다. 그는 전류의 변화를 소리로 바꾸는 장치를 만들었다. 그는 과학자들이 모임을 여는 곳마다 찾아다니면서 자기의 발명품을 설명하였으나 인정받지 못했다. 결국 그의 전화기는 라이스의 죽음과 함께 사라지는 운명을 맞았다.

1854년 3월 3일

미국과 일본, 화친 조약 체결

미일 화친 조약은 일본이 서구 국가와 맺은 최초의 조약이다. 주 내용은 시모다 등의 항구 개항, 식료와 연료 공급, 미국 표류민 구조, 최혜국 대우, 영사의 주재 등이었다. 미일 화친 조약은 페리 협정이라고도 칭한다.

미국은 중국과의 원활한 무역을 위해 중간 연료 공급지와 태풍을 피할 피항지가 필요했고, 그 대상으로 일본을 선택하였다.

1853년 미국 정부는 페리 제독이 이끄는 흑선을 파견하여 무력으로 막부를 압박했다. 막부는 청나라처럼 비참하게 패배할 것이 두려워 이듬해 3월 3일 미국과 화친 조약을 맺었다. 그 뒤 일본은 영국 · 러시아 · 네덜란드 등과도 조약을 맺게 되었다.

1861년 3월 3일

러시아 황제 알렉산드르 2세, 농노제를 폐지하다

러시아의 황제 알렉산드르 2세(Alexander Ⅱ : 1855~1881)는 1861년 3월 3일 농노제 폐지령을 내렸다. 이후 1863년과 1866년에는 농노 해방 칙령을 내렸다.

당시 러시아는 유럽에서 가장 후진적인 농업 구조를 가지고 있었다. 19세기 초의 러시아는 1만 명이 채 안 되는 귀족이 전체 국토의 90%를 소유하고 있었고, 농노는 토지와 함께 매매되었다.

그러나 알렉산드르 2세의 농노 해방령으로 제정 러시아에는 곡물 생산이 늘어났으며 농민의 생활이 개선되기 시작했다.

* 1881년 3월 13일 '러시아 황제 알렉산드르 2세 사망하다' 참조

1706년 3월 3일

독일 작곡가 파헬벨 사망하다

요한 파헬벨(Johann Pachelbel : 1653~1706)은 1653년 9월 1일 독일 뉘른베르크에서 태어난 오르가니스트이자 작곡가이다. 그는 알트도르프 등 여러 곳에서 오르간 연주자로 활동하던 중 1695년 고향으로 돌아와 연주와 작곡 활동을 하였다.

파헬벨은 코랄 전주곡과 변주곡의 작곡자로도 유명하다. 특히 『캐논 라장조』는 우리에게 잘 알려져 있으며 가야금으로 연주한 곡도 아름답다.

대표적인 작품으로는 「음악에 의한 죽음을 생각한다」「음악의 기쁨」 등이 있으며, 1706년 3월 3일 세상을 떠났다.

3월 4일

1904년 3월 4일

빅뱅 이론 확립한 러시아 과학자 가모프 태어나다

우주 생성에 관한 이론은 정상우주론과 팽창우주론 두 가지가 있다. 정상우주론은 우주는 출발도 소멸도 없이 똑같다는 이론이다. 우주가 팽창해 밀도가 작아지면 이를 보충하기 위해 우주 공간에서 새로운 물질이 생성되기 때문에 항상 일정한 밀도를 유지한다는 논리를 내세운다. 프레드 호일이 대표적인 사람이다.

반면에 팽창우주론은 뜨겁고 밀도가 높은 하나의 점이 폭발하여 우주가 시작되었다는 이론이다. 러시아 출신 천문학자 조지 가모프가 대표적인 학자이다.

호일은 1949년 한 라디오 방송에 출연하여 강의를 하면서 팽창우주론을 비판하였다. 이때 "그럼 태초에 빅뱅big bang이 있었다는 말인가?"라고 가모프를 조롱했다. '빅뱅'이란 말은 이때 생겼는데, 역설적이게도 이 별명은 폭발적인 인기를 끌었고 오늘날에는 정식 용어가 되었다.

고대 그리스 사람들은 지구가 둥근지 몰랐다. 땅은 울퉁불퉁하지만 평탄하고, 하늘은 둥근 천장과 같아 여기에 별이 매달려 있다고 생각했다. 평탄한 육지 밖에는 큰 강이 있어 저녁 때 태양이 강물 속으로 사라진 뒤 밤새 헤엄쳐 다음 날 아침에 동쪽 하늘에 나타난다고 믿었다.

그러나 20세기에 들어서자 우주의 기원에 관한 새로운 이론들이 발표되었다. 1916년 아인슈타인이 발표한 일반 상대성 이론은 우주론 분야의 새로운 장을 열었다.

1922년 러시아의 프리드만은 아인슈타인의 방정식을 우주론에 대입하여 우주의 팽창과 수축을 밝혔고, 이것을 '팽창우주론'이라고 불렀다. 1929년 미국의 허블은 외부 은하의 스펙트럼에 나타난 적색 이동을 관찰하여, 거리가 먼 외부 은하일수록 우리가 속한 은하계에서 빠른 속도로 멀어진다는 사실을 밝혔다. 이것은 우주가 팽창하고 있다는 것을 의미했고, 거꾸로 계산하면 약 200억 년 전의 우주는 하나의 점과 같은 상태였다는 것을 뜻했다.

팽창우주론은 1940년대 중반 이후 '빅뱅 이론(대폭발 이론)'과 '정상 상태우주론'으로 나뉘었고, 이 이론들은 경쟁을 통해 더욱 세련되고 정교한 형태로 발전했다. 오늘날의 우주 과학자들은 주로 1948년에 조지 가모프(George Gamow : 1904~1968)가 주장했던 빅뱅 이론을 받아들이는 입장이다.

가모프는 1904년 3월 4일 러시아의 항구 도시 오데사에서 태어났다. 레닌그라드 대학교에 입학한 가모프는 프리드만에게 배울 수 있는 기회를 얻었으나 프리드만이 갑자기 죽는 바람에 양자론 연구를 시작하게 되었다.

1934년 러시아를 떠난 그는 미국의 조지 워싱턴 대학교 교수가 된다. 이곳에서 그는 1936년 텔러와 함께 베타 붕괴에 관한 연구를 했다. 그 뒤 별의 진화와 열핵 반응을 연구하였는데, 별의 진화에 대한 가모프의 연구는 이후 대폭발 이론에 관한 연구로 이어졌다.

가모프는 만약 우주가 먼 과거에 뜨겁고 밀집된 상태로 시작되었다면, 빅뱅이 발생하면서 나온 복사(빛 : 마이크로파)가 우주에 널리 퍼져 있을 것이라고 예측하였다. 그리고 1965년 벨 연구소의 펜지아스와 윌슨이 라디오 안테나의 잡음을 제거하는 과정에서 이 마이크로파를 발견함으로써 '우주 배경 복사'라고 부르기 시작했다.

우주 배경 복사의 발견으로 빅뱅 모델에 대한 본격적인 연구가 시작되었고, 대부분의 우주론자들은 빅뱅 이론을 받아들였다.

그러나 빅뱅 이론에는 여전히 많은 의문점이 남아 있다. 예를 들어 빅뱅의 원초 물질은 어디에서 왔는지 설명할 수 없으며, 허블의 적색 이동 현상이 알려진 이후부터 지금까지 관측에 의한 허블 상수는 일정하지 않았고 또 정확하지도 않았다는 점 등이다.

한편 1948년 케임브리지 대학교 트리니티 칼리지의 천문학자들은 역동적이며 유한한, 즉 끝이 있는 가모프의 팽창우주론과는 전혀 다른 우주론을 제기했다. 우주는 고요하며 무한한 상태라는 '정상상태팽창우주론'이었다.

정상상태우주론의 기본 가정은 '완벽한 우주 원리'에서 시작한다. 이것에 따르면 우주가 팽창하여 은하들이 서로 멀어져 감에 따라 무無에서 물질이 생성해 공간의 빈 곳을 메운다. 새로 태어난 젊은 은하들이 죽어 가는 늙은 은하들을 대신해 우주는 언제나 거의 같은 상태로 보인다는 것이었다.

후에 프레드 호일(Fred Hoyle : 1915~2001)은 그의 정상우주론을 조금

개선하여 준정상우주론을 주장하였다. 그러나 1981년 구스가 제안한 인플레이션우주론 등의 지지를 받고 있는 빅뱅 이론이 여전히 우세를 보이고 있다.

한편 빅뱅 이론의 가모프는 일반 대중을 위한 과학 책을 20여 권이나 출판하여 과학 대중화에도 많은 기여를 했다. 그가 집필한 최초의 대중 과학 책은 1937년에 출간한 『이상한 나라의 톰킨스 씨』였다. 이 인연으로 톰킨스는 그가 집필하는 대중 과학 책의 주인공으로 계속 등장하였고. 나중에는 아예 톰킨스 시리즈를 출판하게 되었다.

1933년 3월 4일

미국 대통령 루스벨트, 뉴딜 정책 채택

1933년 3월 4일 당시 미국의 32대 대통령이었던 프랭클린 루스벨트 (Franklin Roosevelt : 1882~1945)는 특별 의회를 소집하여 1929년부터 시작된 유례없는 불황을 타개하기 위해 뉴딜New Deal 정책을 채택하였다.

국가가 경제를 직접 관리하며, 대중의 구매력을 증대할 수 있도록 테네시 강 유역 개발 공사 등의 공공사업 계획을 수행함으로써 자본주의 체제를 유지하는 정책이었다.

이는 경제사적인 측면에서 전통적인 자유방임주의 정책을 포기했다는 것을 뜻했다. 즉 케인스의 경제학을 받아들여 미국 자본주의를 수정하게 된 것을 의미하는 것이었다.

1951년 3월 4일

제1회 아시아 경기 대회, 인도 뉴델리에서 개막

제2차 세계 대전이 끝난 후 아시아 여러 나라의 우호와 세계 평화를 촉진할 목적으로 아시아 지역 나라들이 참가하는 체육 대회가 제안되었다.

그에 따라 1951년 3월 4일 인도 뉴델리에서 제1회 아시아 경기 대회(아시안 게임)가 개막되었다. 제1회 대회에는 모두 11개국이 참가하였으며 우리나라는 전쟁으로 참가하지 못했다.

그러나 이후 우리나라는 1986년에는 제10회 서울 아시안 게임을, 2002년에는 제14회 부산 아시안 게임을 개최하였다.

1678년 3월 4일

이탈리아 작곡가 비발디 태어나다

한국인에게 가장 사랑받는 클래식 음악 『사계』를 작곡한 안토니오 비발디(Antonio Vivald : 1678~1741)는 1678년 3월 4일 이탈리아의 베네치아에서 태어났다.

그는 1703년 가톨릭 성당의 사제가 되어 그해 베네치아의 피에타 여자 양육원의 바이올린 교사로 취임하였으며 1740년까지 지휘자 겸 작곡가, 교사, 음악 감독을 지냈다.

비발디는 자신이 유명한 바이올리니스트였던 만큼 독특하면서 화려한 기교가 담긴 바이올린 협주곡을 작곡한 것으로 유명하다. 모두 79개의 바이올린 협주곡, 18개의 바이올린 소나타, 2개의 바이올린과 첼로를 위한 3중주곡 등을 만들고 1741년 사망하였다.

그러나 그는 오페라의 흥행 사업에 손을 대고, 여가수 안나 지로와 염문을 뿌리는 등의 행동을 보여 사제로서의 의무를 충실히 이행하지 못했다는 비판도 받고 있다.

1977년 3월 4일

루마니아-발칸 반도 진도 7.2의 강진 발생

1977년 3월 4일, 루마니아의 수도인 부쿠레슈티에서 북쪽으로 120km 정도 떨어진 곳을 중심으로 진도 7.2의 강진이 발생하여 발칸 반도까지 뻗어 갔다.

이 지진으로 인해 1,500여 명의 사상자와 1만여 명의 부상자가 발생하였고, 루마니아 정부는 국가 비상사태를 선포하였다.

3월 5일

1898년 3월 5일

중국 최초 총리 저우언라이가 태어나다

"어떤가? 장제스를 체포했는데 목숨을 거두어 버릴까?"

1936년 12월 부주석이었던 저우언라이는 한 나이 어린 경비병에게 웃으면서 물었다. 같은 혁명 동지인 부인 덩잉차오는 죽이자고 말했다. 장제스는 수많은 공산당원과 국민들을 학살했었기 때문이다.

어린 경비병은 순간적으로 부주석의 질문에 무언가 다른 뜻이 포함되어 있을 것이라고 느꼈다.

"죽이면 안 됩니다."

저우언라이의 눈이 반짝였다.

"왜 그렇지?"

"그게…… 저…… 포로는 우대해야 합니다."

"좋아."

저우언라이는 크게 웃으며 말했다.

"장제스를 죽이면 공산당과 국민당의 내전을 끝낼 수 없을 뿐 아니라, 힘을 합쳐 침략자 일본을 물리칠 방법도 사라져 버리지."

저우언라이는 장쉐량이 1936년 12월 12일 시안 사건을 일으켜 체포한 장제스를 석방하라고 지시했다.

이 사건으로 중국 공산당은 다시 일어설 수 있었고, 오늘의 중국을 만들었다.

중국의 혁명가이자 중화 인민 공화국 최초의 총리였던 저우언라이(周恩來 : 1898~1976)는 1898년 3월 5일 중국 장쑤 성 북부의 화이안에서 태어났다.

1917년 일본으로 유학을 떠났으나 2년 후인 1919년에 5·4 운동이 발발하자 고국으로 돌아와 학생 시위에 적극적으로 참여하다가 체포되었다. 이듬해 풀려난 그는 프랑스로 유학을 떠났으며, 1921년에 중국 공산당의 유럽 지부 조직책이 되었다.

1924년 제1차 국공 합작이 성립되고 국민 혁명이 일어나자 저우언라이는 당시 장제스(蔣介石 : 1887~1975)가 있던 황포 군관 학교 정치부 주임으로 임명되었다. 이때 그는 국민당 군대를 위해 노동자를 조직하여 상하이를 장악하였다. 그러나 장제스의 국민당군이 공산주의자를 숙청하고 1927년 국민당 정부를 수립하자 저우언라이는 국민당군에 쫓기게 되었다.

장제스가 북벌을 계속해 1928년 중국을 통일하자, 1934년 대장정에 나선 저우언라이와 마오쩌둥(毛澤東 : 1893~1976)은 1935년 옌안에 새 근거지를 마련하였다.

이때의 대장정을 계기로 저우언라이는 자신에게는 없는 지도자적 자질이 마오쩌둥에게 있음을 알았다. 농민들의 마음을 움직이는 호소력과 그들의 정서를 이해할 수 있는 능력을 마오쩌둥이 갖고 있었던 것이다. 그해 군 위원회에서 저우언라이는 이름 없는 부하에 불과했던 마오쩌둥을 홍군사령관으로 추천하는 과감한 결정을 내렸고, 그는 이후 자청해서 2인자의 길을 걸었다.

그 후 1936년의 시안 사건으로 다시 일어선 중국 공산당은 1949년 국민당 군대를 타이완으로 몰아내고 중화인민공화국을 수립하였다. 저우언라이는 이때 총리가 되어 행정적인 차원에서 신 중국의 뼈대를 세웠다. 그리고 1950년 중·소 동맹 조약, 1954년 6·25 전쟁과 베트남 전쟁에 관련된 제네바 회담을 성사시키기도 하였다. 또한 1975년 제4기 전국 인민 대표 대회에서 공업·농업·국방·과학 기술의 현대화 추진을 주장함으로써 덩샤오핑의 개혁·개방 정책의 초석을 놓았다. 그리고 1976년 1월 파란만장한 인생을 마감하였다.

그러나 저우언라이의 사망은 주석 마오쩌둥과 그의 후계자 자리를 넘보고 있던 4인방을 크게 긴장시켰다. 중국인들이 저우언라이를 추모하기 위해 모인 자리에서 그동안 쌓인 불만을 털어놓을 수도 있었기 때문이다. 이 때문에 중국 정부는 언론과 집회를 철저히 감시하였다.

그런데 4인방 중의 한 사람이었던 장칭(江靑 : 1914~1991)이 모자를 쓰고 추모하자 중국인들은 분노를 터뜨렸다. 그리고 이것은 200명 이상의 사상자를 낸 제1차 천안문 사건의 도화선이 되었고 4인방 몰락의 서막이 되었다.

중국 천안문 광장에 있는 그의 추도비에는 다음과 같은 글귀가 새겨 있다.

인민의 총리로 인민이 사랑하고,

인민의 총리로 인민을 사랑하고,

총리와 인민이 동고동락하며,

인민과 총리의 마음이 이어졌다.

* 1976년 4월 5일 '중국 제1차 천안문 사태 일어나다' 참조

* 1989년 6월 4일 '중국 제2차 천안문 사태 일어나다' 참조

1953년 3월 5일

소련 독재자 스탈린 사망하다

'강철의 사나이'라 불리던 스탈린이 1953년 3월 5일 사망하였다. 이로써 소비에트 역사상 가장 무자비하고 끔찍했던 철권 시대는 막을 내리게 되었다.

1879년 12월 21일 그루지야에서 태어난 이오시프 비사리오니치 주가슈빌리 스탈린(Ioseb Besarionis dze Jughashvili Stalin : 1879~1953)은 10월 혁명(1917년 11월 러시아에서 발생한 프롤레타리아 혁명으로, 러시아력으로는 10월이었기 때문에 '10월 혁명'이라고 부른다) 당시 레닌(Vladimir Ilich Ulyanov Lenin : 1870~1924)을 도와 세계 최초의 사회주의 국가인 소비에트 정권을 수립하였다. 레닌 사후(1924) 단독 권력을 쟁취하였으며, 1941년 수상으로 취임하였다.

스탈린은 1937~1939년 사이에 고려인 17만 2,000명을 중앙아시아로 강제 이주시켜 우리 민족 근현대사의 아픔인 카레이스키를 양산하였다. 고려인이 일본의 첩자가 될지도 모른다는 명목이었으나, 이는 조선인과 일본인을 명확히 구분하지 못했던 무지의 소산이었다.

스탈린은 제2차 세계 대전 시기에 연합군에 합류해 독일 · 이탈리아 · 일본이 패배하는 데 큰 영향력을 발휘했다. 또한 제2차 세계 대전 이후에는 소련의 지배권을 동유럽으로 확대하였고, 소련을 공업화하였으며, 농업을 집단 생산 체제로 바꾸었다.

그러나 이 시기에 개개인의 자유 완전 박탈, 국민 생활수준 저하 등

독재 정치 폐단이 극대화되기도 하였다. 심지어 그는 자신의 동상과 초상화를 소련 전역에 설치하여 개인숭배를 강요하기까지 하였다.

1953년 3월 1일 식사 도중 갑자기 쓰러진 스탈린은 나흘 후인 3월 5일 사망하였으며, 이튿날 아침 모스크바 방송을 통해 소련 전역에 그의 사망 소식이 전달되었다.

* 1879년 12월 21일 '소련 독재자 스탈린 태어나다' 참조

1946년 3월 5일

영국 수상 처칠, '철의 장막' 최초 언급

오늘날 공산 국가들은 발트 해의 슈체친에서 아드리아 해의 트리에스테까지 유럽 대륙을 가로지르는 철의 장막을 형성했다.

제2차 세계 대전 기간 동안 동맹국이었던 미국과 소련은 전쟁이 끝나자 냉전과 양극화의 주체가 되었다. 그러나 냉전은 미국과 소련 사이의 직접적인 충돌이 없었다는 사실만 의미할 뿐, 6 · 25 전쟁과 베트남 전쟁을 비롯해 제3세계의 국지적인 전쟁은 끝이 없었다.

한편 1946년 3월 5일, 영국의 수상이었던 윈스턴 처칠(Winston Leonard Spencer Churchill : 1874~1965)은 미국 미주리 주 풀턴의 연설에서 '철의 장막'이란 표현을 사용하여 소련의 정치적 비밀주의와 폐쇄성을 비난하였다. 그는 자유와 기독교 문명을 보호하기 위하여 영국과 미국은 굳게 단결해야 한다고 강조하였다. 이것은 제2차 세계 대전 이후

연합국의 소련권에 대한 불신을 드러낸 것이었다.

이후 미국과 소련의 관계는 더욱 악화되었으며, 철의 장막은 자본주의 국가들의 반소련 · 반공산주의를 위한 선전 용어로 사용되었다.

1817년 3월 5일

아시리아 유적 발굴자 레이어드 태어나다

석판에는 전투를 벌이는 장면이 새겨 있었다. 지금이라도 당장 움직일 것 같은 전차 2대에는 세 사람씩 타고 있었으며, 수염 없는 장수는 번쩍이는 갑옷을 입고 귀밑까지 활시위를 팽팽히 당기고 있었다.

-레이어드

영국 고고학자 오스틴 헨리 레이어드(Austin Henry Layard : 1817~1894)는 아시리아의 네 번째 도읍지였던 니네베 유적을 발굴해 단시간에 유명 인사가 된 인물이다.

아시리아는 B.C. 2500년 무렵 소아시아와 메소포타미아에 흐르는 티그리스 강변의 아수르를 중심으로 도시 국가를 성립한 고대 국가였다. B.C. 7세기 무렵에는 수메르-바빌로니아를 이어 메소포타미아 지역과 시리아, 이집트에 걸친 대제국을 건설하였다. 그러나 B.C. 621년 메디아와 신바빌로니아 왕국의 연합 공격으로 멸망하였다.

1817년 3월 5일 프랑스의 파리에서 태어난 레이어드는 소년 시절 『아라비안나이트』와 『바빌로니아 여행기』를 읽으며 메소포타미아로 가려는 꿈을 키웠다. 그는 22세 되던 해에 런던의 법률 사무소를 그만

두고 무작정 메소포타미아로 갔다. 그리고 1840년 지금의 이라크 모술에 닿았고, 1845년 11월부터 모술의 님루드 둔덕을 발굴하기 시작했다. 발굴을 시작한 지 얼마 안 되어 레이어드는 석판 하나를 발견하였다. 고대 아시리아의 수도 니네베 유적을 발견한 첫 순간이었다.

레이어드의 발굴로 고대 니네베에 대한 놀라운 사실이 밝혀졌다. 인구가 12만 명이나 되었고, 성의 둘레는 12km나 되었으며, 성벽 높이는 10m가 넘었고, 성벽을 따라 8m마다 성탑이 존재했다는 것 등이었다.

레이어드는 니네베의 발굴 외에도 바론 유적도 조사하였다. 그가 발굴한 화려한 출토품들은 고향을 떠나 대영 박물관으로 이송되어 오늘날에도 전시 중이다. 하지만 그의 발굴은 고고학적으로 볼 때 파괴와 다르지 않다는 비난 또한 많았다.

1878년 기사 작위를 받은 레이어드는 1894년 7월 5일 영국 런던에서 세상을 떠났다.

1871년 3월 5일

독일 혁명가 로자 룩셈부르크 태어나다

독일의 여성 혁명가였던 로자 룩셈부르크(Rosa Luxemburg : 1871~1919)는 1871년 3월 5일 폴란드 자모슈치의 유복한 유대계 집안에서 태어났다. 자유롭고 지적인 가정에서 성장한 그녀는 폴란드어는 물론 러시아어와 독일어, 프랑스어, 영어, 그리고 이탈리아어에도 능하였다.

학생 시절부터 폴란드 노동 운동에 참여했으며, 1889년에는 스위스로 망명해 폴란드 사회당을 조직하였다. 결혼으로 독일 국적을 얻은 후인 1898년에는 독일 사회민주당에 입당하였다.

이후 사회민주당을 떠나 1917년에 급진 좌파 성향의 혁명 단체인 스파르타쿠스단을 조직하였다. 독일 공산당의 전신인 이곳에서 그는 기관지였던 『붉은 깃발』의 필자로 활약하였다.

그러나 1919년 1월, 독일 공산당이 일으켰던 정치적 봉기가 실패로 돌아가 체포되었다. 그해 1월 15일, 룩셈부르크는 동료 카를 리프트네히트와 함께 처형되었다. 저서로는 『자본축적론』 『러시아 혁명』 등을 남겼다.

*** 1919년 1월 15일 '독일 혁명가 로자 룩셈부르크 사망' 참조**

1887년 3월 5일

브라질 작곡가 빌라로보스 태어나다

1887년 3월 5일 브라질의 리오데자네이루에서 태어난 에이토르 빌라로보스(Heitor Villa-Lobos : 1887~1959)는 라틴 아메리카 최고의 작곡가로 평가받는다.

역사가이며 아마추어 음악가였던 아버지에게 음악을 배운 그는 브라질 음악만의 매력을 느끼고 강한 향토적 성격이 강한 작품들을 발표했다.

1923년 유럽으로 건너간 이후에도 음악가로 활동하면서 브라질 시절 못지않은 명성을 쌓았다. 대표작으로는 『12 에튀드』 『5 전주곡』 등이 있으며, 1959년 11월 17일 세상을 떠났다.

3월 6일

1957년 3월 6일

아프리카 서부 가나공화국이 독립하다

'골드 코스트 Gold Coast'

'황금 해안'이라는 뜻이다. 이것은 1471년 가나의 해안에 최초로 도달한 초기 포르투갈 탐험가들이 붙인 이름이다. 실제로 가나에는 이 명칭에 걸맞게 금과 천연자원이 풍부하다. 그러나 가나는 풍부한 금과 천연자원 때문에 도리어 기나긴 아픔을 겪어야만 했다.

가나는 15세기 말 포르투갈 사람들이 금광을 찾아 해안에 항구를 세우면서 '골드 코스트'란 이름으로 처음 유럽에 알려졌다. 16세기 말에는 네덜란드와 영국도 이곳에 진출하여 금과 노예무역에 발을 들여놓았다. 이후 유럽 각국은 250년 동안 이 골드 코스트의 노예 시장을 장악하기 위해 치열한 경쟁을 벌였다.

결국 1873년에 골드 코스트는 영국의 지배를 받게 되었다. 영국의 식민지가 된 이후 초기에는 주로 코코아를 수출하였고, 후에는 금광 · 목재 · 다이아몬드 등을 수출했다.

그러나 1920년대 말부터 아프리카의 독립을 외치는 목소리가 점점 커져 갔고, 1945년 영국 맨체스터에서 콰메 은크루마(Kwame Nkrumah : 1909~1972)의 주도 아래 제5회 범아프리카 회의가 조직되어 본격적인 독립 운동이 시작되었다. 은크루마는 서아프리카 민족 회의, 통일 골드 코스트 회의, 회의 인민당 등을 조직하여 반영국 운동을 이끌었다. 그리고 골드 코스트 자치 정부 구성을 위한 1951년 선거에서 옥중 출마하여 자치 정부의 수반이 되었다.

그리고 1957년 3월 6일, 골드 코스트는 '가나'라는 이름으로 독립하였다. 1960년에는 국민 투표를 거쳐 가나공화국이 출범하였고, 은크루마는 초대 대통령이 되었다. 그는 취임 후 아프리카 사회주의와 범아프리카 민족주의 정책을 추구하여 서방과의 관계가 악화되었다.

1966년에 첫 쿠데타가 일어나 은크루마가 실각하였으며, 이후 3년마다 정변이 일어나는 등 정국이 소용돌이쳤다. 한편 1957년에 국제 연합UN에 가입한 가나는 UN 사무총장 코피 아난을 배출하기도 했다.

현재 가나의 해안가 주변에는 유명한 관광 상품이 있다. 원주민들을 잡아 유럽이나 미국으로 보내기 위해 만들었던 많은 노예 성들이 아직도 남아 있는 것이다.

1928년 3월 6일

콜롬비아 소설가 마르케스 태어나다

가브리엘 가르시아 마르케스(Gabriel Garcia Marquez : 1928~)는 1928년 3월 6일 콜롬비아의 아라카타카에서 태어났다. 보고타 대학교에서 법학을 공부한 그는 기자가 되어 유럽에 주재했다. 이후에 멕시코에서 창작 활동을 하다가, 쿠바 혁명이 성공한 후에는 쿠바로 가서 국영 통신사의 특파원을 지냈다.

마르케스는 '콜롬비아의 세르반테스'라고 칭송받는 라틴 아메리카 최고의 작가로, 1982년 『백 년 동안의 고독』으로 노벨 문학상을 받았다. 그는 이 작품에서 호세와 우르술라 부부의 가족사를 주제로 외세의 침략과 근대화 그리고 혁명을 거듭한 라틴 아메리카 대륙의 고단한 근대사를 대변하였다.

이 소설은 호세 아르카디오 부엔디아가 무리를 이끌고 이곳저곳 떠돌아다니다가 마침내 마콘도라는 늪지대에 마을을 일구는 것에서 시작한다. 그의 아내 우르술라와 후손 5대가 엮어 내는 백 년 동안의 집안 이야기는 다양한 상징성을 통해 반복과 영원, 끝없이 계속되는 인간의 삶, 구원으로서의 죽음과 영원의 회귀를 표현해 냈다.

이 작품은 설화와 신앙 등의 환상적 영역이 현실의 정치적·사회적 요소와 교묘하게 결합하여 독자들을 몰입시킨다. 중남미 지역에서 유행한 '마술적 리얼리즘'의 대표작으로 평가받는다.

마르케스의 다른 작품으로는 『예고된 죽음 이야기』 『족장의 가을』
등이 있다.

미국 최고재판소, 드레드 스콧 판결 발표

1834년 미국 미주리 주의 흑인 노예였던 드레드 스콧(Dred Scott :
1795~1858)은 그의 주인을 따라 일리노이 주와 위스콘신 주에서 거주
했다가 다시 미주리 주로 돌아오게 되었다. 당시 미주리 주는 흑인 노
예를 인정하였지만 일리노이 주와 위스콘신 주는 노예 제도를 인정하
지 않고 있었다.

1846년 스콧은 자신이 일리노이 주와 위스콘신 주에 거주했던 사실
을 근거로 자신과 가족이 자유민임을 인정해 달라는 소송을 연방 재판
소에 냈다. 이 사건은 미국 최고재판소로 넘어갔고 극심한 찬반 논쟁을
불러왔다.

1857년 3월 6일, 최고재판소의 수석 판사 로저 태니(Roger Taney :
1777~1864)는 스콧의 주장을 거부하는 판결을 내렸다. 합중국 헌법은
흑인을 시민으로 인정하지 않으므로 노예는 시민권을 가질 수 없다는
것이 요지였다. 다시 말해, 비록 자유 주에 거주하였더라도 흑인은 자유
를 인정받을 수 없고, 노예는 소송을 제기할 권리가 없다는 것이었다.

10년 이상 진행되었던 이 재판은 당시 심각했던 남북 대립을 더욱
악화시켰다. 결국 남북 전쟁이 일어나는 데 큰 영향을 미쳤으며, 이후
이 사건은 '드레드 스콧 판결'이라 불리게 되었다.

1874년 3월 6일

러시아 종교 철학자 베르댜예프 태어나다

인간은 남으로부터는 좀처럼 이해되지 않는 특별한 세계를 자신 안에 걸머지고 있다. 그렇다고는 하더라도, 이들 각종의 인간 세계에서 교류는 가능하다. 그리고 그렇게 하도록 노력하지 않으면 안 된다.

-베르댜예프, 『철학적 자서전』

니콜라이 베르댜예프(Nikolay Berdyaew : 1874~1948)는 러시아의 종교 철학자로 1874년 3월 6일 키예프에서 태어났다. 가문의 전통에 따라 어린 시절부터 군인 교육을 받았지만, 곧 사관 학교 생활을 중단하고 키예프 대학교에 들어가 법학을 공부한다.

대학 재학 중 마르크스주의 운동에 가담하여 반정부 투쟁을 벌이다가 체포되어 유형 생활을 하였다. 그러나 얼마 후 마르크스주의의 유물론을 비판하고 기독교 중심의 독창적인 사상을 전개해 나갔다.

러시아 혁명 직후 모스크바 대학교에서 강의를 하기도 했다. 그러나 볼셰비키 혁명에 대하여 '러시아 정신문명의 위기'라고 말하는 등 소비에트 연방 정부를 자극하여 국외로 추방당했다. 그 후 독일 베를린과 프랑스 파리에서 종교철학 아카데미를 설립하고, 강연과 저술 활동을 하였다.

그는 기독교를 기반으로 한 독창적인 사상을 발전시켜 나갔는데, 특히 인격이 지닌 자유의 중요성을 강조하였다. 근대 과학 기술이 만들어 낸 비인간화를 비판하고, 인간은 자유롭고 창조적인 활동에 의해서만

타고난 재능을 발휘할 수 있다고 믿었다. 또한 종말론의 역사와 신성한 인간에 대한 토론을 전개하기도 하였다.

1948년에 세상을 떠났으며, 『역사의 의미』『새로운 중세』『러시아의 이념』『러시아 공산주의의 기원과 의미』『자유와 정신』『인간의 운명』 『형이상학적 종말론』 등의 저서가 있다.

3월 7일

1274년 3월 7일

중세 신학자 토마스 아퀴나스, 세상을 떠나다

모든 사물은 보는 사람마다 관점에 따라 다르게 이해할 수 있다. 그러나 지적인 영혼을 가진 사람들은 사물의 참모습을 있는 그대로 그것도 완벽하게 이해한다. 예를 들면 돌의 형상은 돌이 있는 그대로를 완벽하게 이해하는 것이다.

-토마스 아퀴나스, 『신학대전』

토마스 아퀴나스(Thomas Aquinas : 1225~1274)는 1225년 이탈리아 나폴리 근교의 로카세카 성에서 란돌프 백작의 7번째 아들로 태어났다. 영국의 존 왕이 대헌장에 서명한 지, 그리고 스페인의 도미니크가 자신의 이름을 본뜬 수도회를 짓기 위해 로마로 떠난 지 10년째 되는 해였다.

아퀴나스는 18세에 도미니크 수도회의 성직자가 되었고, 스콜라 철학의 체계를 세운 알베르투스 마그누스에게서 철학을 배웠다. 1252년 파리 대학교 신학부의 조수가 된 그는 성서 주석 작업을 하는 등 다양한 글을 저술하였다. 그리고 1263년 교황 우루바노 4세의 명령으로 아리스토텔레스 해석을 시작하였다. 이것이 바로 그의 대표적 저술인 『신학대전』이다.

아퀴나스 생존 당시 유럽을 대표하는 집단은 신성 로마 제국과 로마 가톨릭 교회였다. 또한 가장 우월하고 지배적인 학문은 신학이었다.

중세 유럽의 신학은 크게 두 시기로 나눌 수 있다.

첫 번째는 10세기 이전 교부敎父 철학이 유행하던 시기이다. 교부는 '교회의 아버지'라는 뜻으로, 5~8세기 동안 교리 정립과 교회 발전에 이바지하면서 신앙이나 교회 생활에 중대한 영향을 미친 사람을 말한다. 대개 덕망이 있고 신학과 관련된 글을 쓰던 성직자나 신학자였다.

교부 철학이란 초기 기독교에서 그리스 철학을 이용하여 교리를 합리적 · 철학적으로 이해하려 했던 경향을 일컫는 말이다. 대표적인 교부 철학자로는 『신국론』을 쓴 아우구스티누스(Aurelius Augustinus : 354~430)가 있다.

두 번째는 11세기 무렵부터 유행한 스콜라 철학의 시기이다. 스콜라 철학은 13세기에 이르러 '스콜라 철학의 왕'이라 불리는 토마스 아퀴나스에 의해 완성되었다.

토마스 아퀴나스는 그리스도의 교리와 아우구스티누스의 철학을 종합하여 스콜라 철학을 완성한 유럽 중세 최고의 신학자이다. 그는 아리스토텔레스의 형이상학을 빌어 그리스도교적인 스콜라 철학을 완성시켰다.

아퀴나스는 신앙이 이성으로 지지받을 수 있다고 생각하였고, 자연에 대한 지식과 신이 만들어낸 세계에 대한 연구야말로 신학적인 지혜에 접근하는 가장 정당한 방법이라고 확신했다. 왜냐하면 '자연'은 '신의 은혜'를 보충해 준다고 여겼기 때문이었다. 신이 자연계를 창조했기 때문에 자연을 통해 신에게 접근할 수 있다고 주장한 것이었다.

아퀴나스는 그리스 철학과 기독교 신학을 조화시킬 수 있다는 확신 그리고 인간의 이성과 경험에 대한 깊은 관심을 가졌다. 그는 자신의 논리를 증명하기 위해 다음과 같은 단계를 밟아 논리를 이끌어 갔다.

① 아퀴나스의 주장을 부정하는 의견이 보인다.

② 그가 부정하려는 의견을 제시한다.

③ 자기의 주장을 내세운다.

④ 자기주장에 대해 근거를 제시한다.

⑤ 첫 번째 단계, 즉 ①에서 보인 의견들을 비판한다.

스콜라 철학은 가톨릭교회의 교리 철학이었다. 하지만 아리스토텔레스의 논리학에 새로운 그리스 철학과 아라비아 과학을 적용하여 그 전체를 성서 및 교리와 조화시키려 하였다.

아퀴나스는 신 중심의 입장을 유지하는 동시에 인간의 상대적 자율성을 확립하였으며, 이는 신앙과 신학을 배제하는 인간 중심적 · 세속적인 근대 사상을 낳는 운동의 출발점이 되었다.

아퀴나스는 리옹에서 열린 제2차 공의회에 참석하러 가던 중 병을 얻어 1274년 3월 7일에 사망하였다. 1323년 교황 요한 22세는 아퀴나스를 성인으로 선포했다. 아퀴나스의 주요 저술로는 『신학 대전』 『진리에 대하여』 『신의 능력에 대하여』 『대 이교도 대전』 등이 있다.

1872년 3월 7일

네덜란드 화가 몬드리안 태어나다

신조형주의는 사진기와 같은 자연의 재현을 벗어나려는 움직임과 진부한 아카데미즘에 대한 도전이 맞물려 생겨난 미술 운동이다. 몬드리안(Piet Mondrian : 1872~1944)이 처음 주창했다.

칸딘스키와 더불어 추상화의 선구자로 불리는 피에트 몬드리안은 1872년 3월 7일 네덜란드에서 태어나 1894년 암스테르담 미술 학교를 졸업했다.

그는 회화에서 위치와 직선에 의한 표현이 가장 순수한 것이라고 보고, 1917년 신조형주의 운동을 일으켰다. 신조형주의는 고흐와 고갱의 색채와 공간에서 추상성을, 세잔과 입체파에 이르는 조형적 표현에서 추상화의 길을 찾았다. 몬드리안은 그의 작품에서 회화로서의 신조형주의를 구체화시켰으며 건축 디자인의 조형 양식으로도 표현하였다.

「햇빛 속의 풍차」 「빨간 나무」 등의 작품들을 남겼으며, 1944년 2월 1일 사망하였다.

1875년 3월 7일

프랑스 작곡가 모리스 라벨 태어나다

「볼레로」로 유명한 모리스 라벨(Maurice Ravel : 1875~1937)은 1875년 3월 7일 프랑스 시부르에서 태어났다.

어린 시절부터 풍부한 음악적 재능을 발휘했던 그는 1889년 파리 음악원에 들어가 「죽은 왕녀를 위한 파반느」 등을 작곡하였다. 제1차 세계 대전이 일어나자 1916년 트럭 운전병으로 전선에 투입되었으나 체질이 허약한 탓에 이듬해 제대하였다.

1928년에 그는 가장 대표적인 작품이 될 「볼레로」를 세상에 내놓았다. 15분간 한 번도 리듬이 변하지 않고 처음부터 끝까지 박력 있는 북소리가 이어지는 이 곡은 스페인풍의 무곡으로, 루빈스타인 발레단에 의해 파리 오페라 극장에서 첫 선을 보인 이후 단번에 청중을 휘어잡았다.

1932년 여류 피아니스트 롱 여사에게 바쳤던 『피아노 협주곡 바장조』는 원숙한 기교와 아취가 넘치는 명곡이며, 1931년에 작곡된 『왼손을 위한 피아노 협주곡』은 전쟁 중에 오른손을 잃었던 오스트리아의 피아니스트 비트겐슈타인을 위해 작곡한 것이다.

라벨은 드뷔시 이후 프랑스 근대 음악의 지도자가 되었고 드뷔시와 함께 인상주의 작곡가로 분류된다. 전쟁 후에 불면증과 신경 쇠약으로 고생하였던 그는 일생을 독신으로 보냈다. "나의 오직 한 사람의 애인, 그것은 음악이다."라는 말을 하며 일생을 많은 음악 작곡에 바쳤다.

「거울」「밤의 가스파르」「물의 장난」 등의 명작을 남겼으며, 1937년

12월 28일 파리에서 사망하였다.

1960년 3월 7일

체코슬로바키아 출신 미국 테니스 선수 이반 랜들 태어나다

이반 랜들(Ivan Lendl : 1960~)은 1960년 3월 7일 체코슬로바키아의 오스트라바에서 태어나 미국으로 귀화한 테니스 선수이다. 1985년부터 꾸준히 세계 랭킹 1위를 지켜와 많은 팬들의 사랑을 받았다.

그는 주로 베이스 라인에서 스트로크를 치는 타입으로, 포핸드와 백핸드는 거의 기계 같다는 말을 들을 정도로 완벽한 선수였다.

3월의
모든 역사

3월 8일

1910년 3월 8일

세계 여성의 날 선언

나는 남편이 죽자 따라 죽으라는 집안의 눈초리와 압박을 도저히
견딜 수가 없어 도망친 것이었다.

-루프

1987년 9월, 인도의 한 여성 단체로 루프라는 여성이 찾아왔다. 당시 18세였던 그녀는, 남편이 죽자 그녀를 남편과 함께 화장시키려는 집에서 도망친 것이었다.

당시 인도의 일부 지역에는 사티Sati라는 인습이 있었다. 사티는 부인을 살아 있는 상태에서 남편과 함께 화장하는 것을 의미한다. 부인은 남편의 소유물이나 다름없기 때문에 남편이 죽으면 따라 죽어야 했다. 인도의 장례 풍습은 대개 화장이므로, 과부가 될 경우 살아 있는 부인을 죽은 남편과 함께 장작불에 태웠다.

인도의 여성 단체들은 세계의 여성들에게 이 사건을 널리 알리고 협조 요청을 하였다. 각국 언론과 여성단체로부터 비판이 쇄도하였고, 다행히 루프는 살아남게 되었다.

그러나 여성에 대한 차별은 이처럼 과격한 모습만 있는 것은 아니다. 미국의 한 대학교에서 가부장제를 주제로 다양한 국가의 학생들을 모아 토론을 하였을 때 나온 애기는 지구상의 여러 나라들에서 드물지 않게 행해지는 사례이다.

"내가 이 세상에 태어났을 때 우리 가족은 기뻐하지 않았다고 들었다. 가족들은 내가 아들이기를 바랐다."

"오빠들은 먹을 것을 주라고 요구할 수도 손을 뻗쳐 원하는 것들을 가질 수도 있지만, 우리 자매와 어머니는 그들이 다 먹을 때까지 기다렸다가 그들이 먹고 남은 것을 먹어야 했다."

"나에게는 엄마 일을 도우라고 하지만 오빠들에게는 그런 말을 하지 않는다."

이와 같은 남성 위주의 생각은 시대와 지역을 불문하고 세계의 광범위한 지역에 존재한다. 21세기인 오늘날에도 세계의 많은 여성들은 여성이라는 이유로 차별당하고 있다.

세상의 반인 여성의 권리를 찾으려는 여성 운동은 역사가 결코 짧지 않다. 18세기 후반 영국의 여성 운동가 매리 울스턴크래프트(Mary Wollstonecraft : 1759~1797)는 남성 우월주의란 남자들이 만들어낸 것이라며 교육 개혁을 주장하였다. 그 후 19세기의 여성 운동은 모든 사람이 평등하다는 원칙을 가지고 여성의 노예적인 현실을 폐지하는 방향으로 이루어졌다.

20세기에 들어서면서 여성 운동은 본격적인 궤도에 들어섰다. 1908년 3월 8일, 미국에서는 수만 명의 방직 공장 여성 노동자들이 러트거스 광장에 모여 성, 인종, 재산, 교육 수준 등에 관계없이 '10시간 노동제, 안전한 작업 환경, 임금 인상과 참정권'을 달라고 요구하였다.

그리고 1910년 덴마크 코펜하겐에서 열린 제2차 여성 운동가 대회에서 독일의 노동 운동가 클라라 체트킨(Clara Zetkin : 1857~1933)은 여성 노동자 투쟁을 기념하여 3월 8일을 '세계 여성의 날'로 정할 것을 제창하였다. 그에 따라 이날이 세계 여성의 날로 선언되었다.

한편 1975년 6월 멕시코에서는 133개국의 대표들이 참석한 가운데 유엔 정상 회의가 개최되었는데, 이와 동시에 여성 단체 대표자 회의도 열려 세계 각국 7,000여 명의 여성들이 참가하였다. 이 회의에서는 여성 평등과 여성이 세계 발전과 평화에 이바지했음을 인정하고 '세계 여성의 해'를 선포하였다. 이 대회를 통해 여성 운동 지도자들은 국제적인 연대 의식을 가지게 되었다.

오늘날의 여성 운동은 법 개정과 여성 문제를 넘어 여성 해방을 향해 전진하고 있다. 여성 운동가들은 여성 해방을 이루기 위해 가정에서 나타나는 남성의 우월성, 직장에 남아 있는 성차별, 가사 노동을 인정하지 않으려는 태도 등 일상에서의 차별을 거부하는 투쟁을 해왔다. 또 이들은 성차별 문제뿐만 아니라 남성과 사회가 가하는 모든 형태의 억압에 저항하고 있다.

그리고 오늘날의 여성 운동은 여성 평등과 해방만을 의미하지 않는다. 여성과 남성 모두에게, 나아가 인류 모두에게 공정한 사회를 요구하고 있다.

1869년 3월 8일

표제 음악의 창시자, 작곡가 엑토르 베를리오즈 사망하다

연극을 보던 베를리오즈는 짝사랑하던 여인 스미스슨이 상대역 남자의 가슴에 안기자 비명을 지르며 극장 밖으로 뛰쳐나갔다. 그의 친구인 리스트와 멘델스존, 쇼팽 등은 베를리오즈가 혹시 자살이라도 하지 않을까 염려하면서 찾아 나섰다. 베를리오즈의 대표작『환상 교향곡』은 이런 사랑의 아픔 속에서 태어났다.

1803년 12월 11일 프랑스의 라 코트생앙드레에서 태어난 엑토르 베를리오즈(Hector Berlioz : 1803~1869)는 바그너와 함께 낭만주의를 대표하는 작곡가 중 하나로 손꼽힌다. 그는 문학을 배경으로 작곡을 하는 '표제 음악'을 창시했다.

의사였던 아버지가 예술을 이해하지 못하고 의학 공부를 시키는 바람에 베를리오즈는 23살이 되어서야 파리 음악원에 입학하였다. 그래

서인지 여느 작곡가와는 다르게 악기는 거의 다루지 못했다. 로마 콩쿠르에도 3번 도전하였으나 실패하였다. 그러다가 1830년에 칸타타『사르다나팔의 죽음』으로 로마 콩쿠르 대상을 받았으며, 표제 음악인『환상 교향곡』도 이때 작곡한 것이었다.

당시 베를리오즈는 영국 셰익스피어 극단의 주연 여배우 해리엇 스미스슨(Harriot Smithson : 1800~1854)에게 빠져 있었다. 그러나 당대 최고의 여배우를 향한 사랑은 쉽지 않아 고뇌만 일으킬 뿐이었다. 이러한 번민 속에 태어난 작품이『환상 교향곡』이었다.

후에 베를리오즈는 해리엇 스미스슨과 결혼하게 되었지만 그 결혼은 행복하지 않았다. 베를리오즈는 생계를 위해 여러 집필 활동을 시작하였고, 작곡가로서의 명성도 차츰 높아졌다.

그러나 심혈을 기울인 최초의 오페라『벤베누토 첼리니』가 공연에 실패하면서 그는 파산 상태에 빠진다. 이때 파가니니가 그의 작품에 감동하여 큰돈을 보내왔다. 베를리오즈는 이에 대한 보답으로『로미오와 줄리엣』을 작곡하여 파가니니에게 헌정하였다.

그 후 베를리오즈는 1844년에는 서곡『로마의 사육제』를 작곡하였고 음악 이론서도 펴냈다.『근대 악기법과 관현악법』은 이후 명저로 인정받게 된다. 당시 프랑스의 유일한 교향곡 작곡가였던 베를리오즈는 1869년 3월 8일 세상을 떠났다. 그리고 그의 새로운 관현악법은 이후의 많은 작곡가들에게 지대한 영향을 끼쳤다.

1921년 3월 8일

소련, 신경제정책 채택

1921년 3월 8일 소련의 레닌은 신경제정책NEP의 실시를 발표하였다.

당시 소련은 경제가 파탄할 지경에 이르고 농민들의 불만이 누적되어 폭동을 일으키는 상황이었다. 이것은 1918년 여름부터 시작된 내전, 그리고 외국의 군사 간섭에 대비하기 위해 전시 공산주의 체제를 채택한 이후 나타난 현상이었다.

레닌의 신경제정책 채택으로 소련 경제는 1926~1927년 무렵 제1차 세계 대전 이전의 수준으로 회복되었다. 이에 힘입어 1928년부터는 5개년 계획을 시작하게 되었다.

1933년 3월 8일

일본, 국제 연맹 탈퇴 결정

제1차 세계 대전이 끝난 후 자본주의 세계는 전반적인 위기 단계에 돌입하였다. 자본주의 국가들의 불균형적 발전은 국제적인 갈등으로 이어졌고, 1929년부터 시작된 세계 공황은 이 같은 상황을 더욱 확대시켰다. 자본주의 국가로서 기초가 약했던 독일, 이탈리아, 일본 등이 특히 심각한 타격을 받았다.

일본은 1931년 9월 중국 동북 지역에서 침략 전쟁을 벌여 이 위기를 모면하려고 하였다. 그리고 1933년에는 만주국을 세워 이 지역에서 자본주의 발전의 기반을 세우려고 하였다. 하지만 국제 연맹은 괴뢰 국가였던 만주국을 부인하였다. 이에 일본은 1933년 3월 8일 연맹 탈퇴를 결정하였다.

한편 일본의 탈퇴와 이탈리아의 에티오피아 침략, 독일의 베르사유 조약 거부 등을 막지 못한 국제 연맹은 제2차 세계 대전이 발발하면서 자연스럽게 붕괴되었다.

1879년 3월 8일

독일의 핵 화학자 오토 한 태어나다

오토 한(Otto Hahn : 1879~1968)은 독일의 화학자이자 물리학자로 1879년 3월 8일 프랑크푸르트에서 태어났다.

그는 방사능 분야에서 큰 업적을 남겼으며 라디오악티늄과 메소토륨 등의 발견으로 토륨 붕괴 계열을 완성하였다. 또한 방사능 입자의 분리법을 개발하였고, 우라늄 핵분열 연구를 통해 미국이 원자 폭탄을 제조하는 데 공헌했다.

1944년 우라늄 분리와 연쇄 반응에 대한 연구로 노벨 화학상을 수상한 한은 1968년 7월 28일 사망하였다.

3월의
모든 역사

3월 9일

1200년 3월 9일

송나라 유학자 주자 사망하다

"당신은 아무래도 형形 위의 도道와 형 아래의 사물을 구별하지 못하는 것 같구려."

주자가 말했다.

"그렇지 않습니다. 당신께서 자주 인용하는 『계사상전』에는 '일음일양—陰—陽하는 것을 도라고 한다'고 되어 있지, '일음일양하게 만드는 것을 도라고 한다'고 되어 있지는 않습니다. 그것은 당신의 해석일 뿐입니다"

육구연이 말을 받자 다시 주자가 대답했다.

"그렇습니다. 나의 해석입니다. 그러나 이렇게 해석하지 않으면 앞뒤가 맞지 않습니다. 공자도 앞뒤가 맞지 않는 말씀은 하지 않았다고 확신하기 때문입니다."

-주륙논쟁

유학에 대한 기초 지식이 없다면 이해하기 힘든 이 대화는 중국 역사 상 가장 유명한 논쟁의 하나이다. 주자(朱子 : 1130~1200)와 육구연(陸九淵, 호는 상산 象山 : 1139~1192)이 벌인 논쟁으로 '주륙논쟁朱陸論爭' 또는 '아호의 회鵝湖之會'라고 불린다. 주자와 육구연의 논쟁은 1175년 연산 아호사鵝湖寺에서 사흘간 계속되었으며, 13년 후인 1188년에 다시 편지로 논쟁이 이어졌지만 서로 결론을 내리지는 못하였다.

주자는 1130년 중국의 송나라 때 푸젠 성에서 태어났다. 주자의 이름은 희熹이고 공자와 같이 존칭으로 자子를 붙여 '주자朱子'라고 한다. 그가 태어난 때는 당나라를 이은 송이 이민족인 금나라의 침입을 받아 황제가 포로가 되는 정강의 변(1126)으로 망했을 즈음, 남송(1127)이 세워진 지 얼마 되지 않았을 무렵이었다.

한나라가 멸망한 이후 유학은 더 이상 글자 해석을 중심으로 하는 훈고학에 얽매이거나 형식적인 예에 관심을 두고 사회를 이끌어 갈 수 없었다. 오히려 위진 남북조 시대와 수 · 당 · 오대십국 시대를 거치면서 불교와 도교 사상이 당시 사회의 주류를 이루었다.

그러나 당나라 후기에 한유 등이 유학을 다시 세울 것을 주장하며 새로운 유학이 나올 분위기가 조성되기 시작했다. 특히 송나라 때에 요나라와 금나라에게 치욕을 당하면서 깊은 반성을 하였다.

이때 유학의 재건에 앞장선 사람이 구양수(歐陽修 : 1004~1079) 등이며, 주돈이(周敦頤 : 1017~1073)는『태극도설』을 편찬하여 우주가 태어나고 만들어지는 법칙을 그림으로 표현했다. 그리고 정호, 정이 형제를 거쳐 주희에 이르러 신유학이 완성되었다. 천 년 만에 유학이 다시 나라를 통치하고 백성을 가르치는 철학으로 위치를 찾게 된 것이었다.

이후 이때 만들어진 송나라의 신유학은 '주자학' '정주학' '성리학'

'이학' '도학' 등 다양한 이름으로 불리게 된다.

주희는 19세에 진사에 급제하였으나 약 9년 정도만 직접 일하는 관직에 있었다. 나머지는 현직에 부임할 필요가 없는 명목상의 관직에만 머물렀기 때문에 학문에 전념할 수 있었다.

유학자들은 대체적으로 주희에 대해 유학을 집대성한 인물로 평가한다. 주희는 장남헌, 여동래 등과 토론하고 격려하면서 학문을 발전시켰다. 특히 24세 때 이연평을 스승으로 모시면서 불교와 도교에서 유학으로 관심을 바꾸었고, 46세 때 9살 아래인 육구연과 논쟁을 벌이면서 학문을 비약적으로 발전시켰다.

주희의 많은 업적 중에는 유교의 경전과 관련된 것이 많다. 그는 오경(『시경』『서경』『주역』『예기』『춘추』)을 대신하여 사서(『논어』『맹자』『대학』『중용』)가 유학 사상의 정통으로 등장하게 하였다. 그가 오경을 주의 깊게 살펴본 후 오경에는 믿기 힘든 부분들이 많이 있다고 판단하였기 때문이다.

예를 들어 『시경』에 실린 305편의 시 가운데 24편은 도덕적 훈계가 담긴 것이 아니라 순전한 사랑의 노래로 보았다. 이러한 비판은 그 이전의 누구도 해내지 못했던 일이었다. 하지만 사서는 공자 및 맹자의 생애와 사상을 중심으로 하기 때문에 사람들을 직접 이끌 수 있었다.

주희는 1190년에 『사서집주』라는 이름으로 사서를 모았는데, 이것은 후에 중국의 학교 교육과 관료 선발시험에서 공식적인 교과서 역할을 하게 된다. 물론 우리나라와 일본에도 적지 않은 영향을 미쳤다.

주희는 역사에도 깊은 관심을 가져 사마광(司馬光 : 1019~1086)이 편찬한 역사서 『자치통감』을 줄여 『자치통감강목』이라는 책으로 완성하였다. 이 책은 대의명분을 중시하고 중국인 중심으로 썼으며, 편년체나

기년체가 아닌 새로운 서술 형식인 기사본말체로 쓴 것이었다. 이 책은 유럽에서 최초로 출판된 중국의 역사서이기도 하다.

한편, 철학적인 면에서 주희는 우주의 근본을 태극으로 보았다. 태극은 이理인데, 이가 존재를 갖추려면 기氣의 참여가 필요한 것이었다. 이것은 주자의 '이기이원론', 즉 '성즉리性卽理'설로 요약되며, 육구연의 '심즉리心卽理'설과 대비된다.

주자는 1200년 3월 9일 71세로 젠양의 창주정사에서 병사하였다. 송나라 황제 이종은 1241년에 주자를 공자묘에 모시게 하면서 다음과 같은 조서를 내렸다.

짐이 생각컨대, 공자의 도는 맹자 이후로 그 전통을 잇지 못하였으나, 우리 왕조의 주돈이 등의 중흥 이래로 또 주희를 얻어 『대학』『논어』『맹자』『중용』을 읽을 때 근본된 것과 가지된 것을 깨닫게 하였으니, 공자의 도가 더욱 세상에 크게 밝아지게 되었도다.

1907년 3월 9일

루마니아 종교학자 미르체아 엘리아데 태어나다

새해가 시작될 때마다, 우주 창조가 반복된다. 즉 세계가 다시 만들어지며, 따라서 시간도 다시 만들어지게 된다. 이 때문에 우주 창조 신화는 모든 창조와 건설의 모범적인 모델을 제공하고 있다. 상징적인 방법으로 인간은 우주 창조 시기로 돌아감으로써 원초적인 완전함에 다시 통합된다.

－엘리아데, 『성과 속』

루마니아의 종교학자 미르체아 엘리아데(Mircea Eliade : 1907~1986)는 저서 『성과 속』에서 이와 같은 설명으로 종교를 새롭게 해석하였다. 그는 '종교란 무엇인가'라고 묻는 대신 '사람들이 무엇을 일컬어 종교라 하는가' 하는 물음에 질문의 초점을 맞추었다.

보통 '종교의 정의'를 말하라고 하면 '신' '영원' '죽음' 등을 떠올릴 수 있다. 하지만 '어떤 것을 종교라고 부르는가'라고 질문하면 '절에서 탑돌이를 하는 것' '교회에서 예배를 드리는 것' 등을 종교라고 말하는 사람들도 있을 것이다. 이것이 20세기 최고의 지성인 가운데 하나였던 엘리아데가 선택한 연구 방법이었다.

1907년 3월 9일 루마니아 부쿠레슈티에서 태어난 엘리아데는 부쿠레슈티 대학교에서 이탈리아 르네상스 철학자 연구로 학위를 받았다. 그리고 1928년부터 1932년 사이 인도의 캘커타 대학교로 유학을 떠났다. 그는 다스굽타 교수에게 산스크리트어와 인도 철학을 배우고 부쿠레슈티로 돌아와, 1933년 『요가 : 인도 신비주의의 기원』이라는 논문으로 박사 학위를 취득했다.

1945년에는 파리 소르본 대학교의 교수가 되었으며, 『우주와 역사』 『샤머니즘』 『종교 형태론』 등을 저술하였다. 1956년에는 미국 시카고 대학교의 교수로 초청되어 이듬해에 종교학과 정교수가 되었으며, 이후 『이니시에이션의 의례와 상징』 『신화와 상징』 『신앙의 역사와 종교 관념』 『성과 속』 등 많은 저술을 남겼다.

엘리아데는 역사와 문화의 차이를 초월한 인류의 공통 기반인 신화·상징·의례 연구를 통해 인본주의 회복을 주장하였으며, 1986년 4월 22일 시카고에서 사망하였다.

1918년 3월 9일

소련, 상트페테르부르크에서 모스크바로 수도 이전

1271년 다닐 공이 모스크바 공국을 세우고 수도로 정한 이후 모스크바는 러시아 역사의 중심지로 자리 잡았다. 18세기에 상트페테르부르크(당시 페테르부르크)로 수도가 옮겨진 뒤에도 여전히 상업의 중심지로서 계속 발전하였다. 역대 황제 역시 모스크바에서 대관식을 올리는 관례를 지켜 왔다.

20세기에 들어 노동 운동이 확산되고 혁명의 기운이 러시아 전국으로 퍼져 나갔다. 1917년 10월 혁명을 이룩한 직후 레닌은 황제가 있었던 상트페테르부르크 대신 모스크바로 다시 수도를 옮길 것을 제안하였다. 그리고 1918년 3월 9일 소련의 수도는 모스크바로 다시 이전되었다.

이후 모스크바는 정치·문화·경제 등의 중심지로서 급속한 발전을 거듭하여, 세계적으로도 거대한 도시가 되었다.

3월의
모든 역사

3월 10일

1872년 3월 10일

이탈리아 통일을 이끈 주세페 마치니 사망하다

광대한 영토를 가진 이탈리아가 옥수수와 양배추를 싸게 먹는다는 따위의 문제는 내게 별로 중요하지 않다. 나한테 진정으로 문제가 되는 것은 이탈리아가 위대하고 도덕적인 나라가 되는 것, 즉 세계에서 이탈리아가 그 고유의 사명을 수행하는 것이다.

-주세페 마치니

카부르, 가리발디와 함께 근대 이탈리아의 통일을 이끈 3대 위인에 속하는 주세페 마치니(Giuseppe Mazzini : 1805~1872)는 1805년 6월 22일 이탈리아 북서부의 항구도시 제노바에서 태어났다. 제노바 대학교에서 법률을 공부한 그는 변호사가 되었으나, 조국 해방과 국토 통일을 위해 헌신하기로 결심했다.

이탈리아는 중세 이후 로마 교황과 오스트리아의 간섭으로 인해 작은 나라들로 분열되어 있었다. 18세기가 끝나갈 무렵 나폴레옹 1세(Napole'on Ⅰ : 1769~1821)는 이탈리아를 원정하였고, 이후 이탈리아에는 자유주의와 민족주의가 싹트게 되었다. 그러나 1814년 빈 회의를 통해 오스트리아를 중심으로 빈 체제가 성립하면서 유럽 사회 전체가 나폴레옹 시대 이전 체제로 변화해 갔다.

이러한 상황 속에서 이탈리아에는 통일을 위한 비밀 결사 단체가 만들어졌으며 그중 카르보나리당이 민족주의를 가장 소리 높여 주장하였다.

누구나 알고 있듯이, 이탈리아는 여전히 아리스토텔레스 철학에 파묻혀 있는 반면, 유럽은 진보하고 있다. 우리에게 진심으로 필요한 것은 벰보 추기경의 말이 아니라 인간적 문화와 지적 문명에 동참하는 것이다.

이 말은 카르보나리당의 조직원이 만든 신문인 『중재자』에 나오는 글이다. 마치니는 1829년 카르보나리당에 입당하였다. 그러나 카르보나리당은 정치적인 강령이 불확실하였다. 마치니는 카르보나리당이 민족과 사회를 무시하고 인민들에게는 무관심하다고 비판하면서 당을 떠났다.

2년 뒤인 1831년에 마치니는 마르세유에서 '청년 이탈리아당'이라는 혁명 조직을 결성하였다. 이탈리아를 오스트리아와 전제 군주의 지배에서 해방시키고 민주적 공화국에 의해 민족을 통일하려는 목적이었다.

"친애하는 청년 동지 여러분, 나는 여러분에게 고통과 의무와 희생을 그리고 밤을 지새우는 강행군을 요구합니다. 그리고 나는 여러분에게 위대한 이탈리아를 약속합니다."

마치니는 1834년 이탈리아 북부에 있는 사르데냐 왕국을 비난하면서 민족주의와 공화주의를 주장하였고 많은 추종자들을 모을 수 있었다. 이들은 급진적 자유주의자들로, 1833년부터 마치니가 런던으로 망명하는 1837년까지 북이탈리아의 여러 곳에서 봉기를 일으켰으나 모두 실패하였다.

마치니는 1840년대에 들어서 노동자의 조직화와 청년 이탈리아당의 재건을 시도하였다. 하지만 당시 이탈리아에서 일어나기 시작한 노동 운동은 그의 기대에 크게 부응하지는 못했다.

1844년 6월 마치니는 남이탈리아를 원정하지만 청년 이탈리아당에 대한 여론은 비판적이었다. 마치니는 1849년 로마 공화국을 세우는 등 그 후로도 여러 차례 군사 행동을 일으켰으나 전부 실패하였다.

결국 이탈리아의 통일 운동은 좀 더 온건한 민족주의 운동 방식을 취한 사르데냐 왕국과 왕국의 수상 카부르에게 주도권이 넘어갔다. 마치니는 이에 반대하여 공화주의 통일 이탈리아 운동을 벌였으나 이마저 실패하였고, 1872년 3월 10일 피사에서 사망하였다.

그리고 1947년에 이르러 이탈리아는 왕정을 폐지하고 공화국을 수립하였다. 마치니가 죽은 지 75년 만에 그의 이탈리아 건국이념이 이루어진 것이다.

마치니는 비록 생전에 자신의 꿈을 이루지 못하였다. 그러나 두 번이나 사형 선고를 받으면서도 평생을 애국 운동에 바친 열정 때문에 가리발디 · 카부르와 함께 이탈리아 통일 운동의 3걸로 불리고 있다.

1959년 3월 10일

티베트 전역에서 독립 요구 봉기

1959년 3월 10일, 티베트인들이 중국의 강압적인 통치에 반발하여 대규모로 봉기했다. 티베트 망명 정부의 추산에 따르면, 당시 이 사건으로 약 8만 6,000명의 티베트인이 사망하였다.

티베트는 7세기 초에 여러 부족을 통합해 독립 국가를 수립하였다. 그러나 이후부터 현대에 이르기까지 고난의 역사를 이어왔다.

1253년 원나라 헌종(憲宗, 몽케 칸 : 1208~1259)은 군대를 파견하여 티베트 전역을 장악하였으며, 후금 (1636년에 국명을 청淸으로 바꿈)의 초대 황제 누루하치가 티베트 지배자에게 '달라이 라마'라는 칭호를

설산사자기(티베트의 기)

부여하였다. 이후 18세기 후반 들어 영국과 러시아가 티베트를 차지하려는 시도를 하였으며, 열강들은 티베트를 중국과 완전히 분리시키고자 했다.

티베트는 제2차 세계 대전 중에 중립을 지키며 독립 정부를 유지하고 있었다. 그러나 1950년 10월 중국 군대가 티베트를 전면 침공하였다. 티베트 마을과 사원을 불태우겠다는 협박 속에 1951년 5월 티베트는 중국과 17개항의 평화 협정을 체결하였다. 중국의 티베트 종주권 인정, 그리고 티베트의 자치권을 인정하는 것이 주요 내용이었다.

그 후 티베트는 중국으로부터의 완전한 독립을 위한 노력을 이어 나갔다. 1956년 티베트의 캄 지방과 암도 지방에서 무장 봉기가 일어났으며, 1959년 3월 10일 라싸에서 일어난 봉기도 그 연장선상에 있는 것이다.

제14대 달라이 라마를 지도자로 내세운 이 봉기는 그러나 실패로 끝났고, 달라이 라마를 비롯한 주요 인사들은 그해 3월 18일 인도로 망명길에 올랐다.

이후로도 티베트의 봉기는 게릴라전 형태로 계속 이어졌으며, 첫 대규모 봉기가 일어난 날인 3월 10일은 티베트 망명 정부 등에 의해 '티베트 민족 봉기 기념일'로 지정되었다.

*** 1959년 3월 18일 '티베트의 달라이 라마 망명' 참조**

1801년 3월 10일

영국 · 프랑스 · 덴마크 등 인구 조사 전 세계 확대

인구 조사는 특정한 시기에 일정한 지역에서 거주하거나 머물러 있는 사람에 대한 정보를 수집하는 행위이다. 최초의 공식적인 인구 조사는 고대 이집트에서 피라미드 건축에 동원할 사람의 수를 헤아리기 위해 실시했다고 알려져 있다.

근대적 의미의 인구 조사는 1790년 미국에서 최초로 실시하였으며, 미국은 그 후로 10년마다 인구 조사를 실시하고 있다. 그러다가 1801년 3월 10일, 영국 · 프랑스 · 덴마크 등에서 인구 조사를 실시하면서 전 세계적으로 확대 실시되었다.

유엔에서 채택한 인구 조사 원칙에 따르면 개인 조사, 조사의 보편성, 조사의 동시성, 조사의 정기성의 요소를 갖추어야 인정을 받을 수 있다.

세계에서 인구가 가장 많은 중국은 인구 조사에 600만 명을 투입한다고 하며, 우리나라는 1925년에 최초로 인구 조사를 실시하였다.

1628년 3월 10일

이탈리아 해부학자 마르첼로 말피기 태어나다

이탈리아의 생리학자이자 해부학자인 마르첼로 말피기(Marcello Malpighi : 1628~1694)는 1628년 3월 10일 볼로냐에서 태어났다.

그는 1645년 볼로냐 대학교에서 철학과 의학을 공부했으며, 현미경을 이용하여 모세 혈관을 통한 혈액의 순환을 밝혀냈고 폐의 구조도 연구하였다.

1669년에 처음으로 누에에서 곤충의 배설 기관인 말피기관과 신장의 신소체인 말피기소체를 발견하였다. 해부학자로 이룬 업적에 따라 그와 같은 이름이 붙은 것이다. 그의 연구는 동식물의 미세 구조를 보여 줌으로써 미세 해부학의 기초가 되었다.

교황 인노켄티우스 12세의 주치의가 되었고 백작 작위까지 받았던 말피기는 1694년 9월 30일 로마에서 사망하였다.

1844년 3월 10일

스페인 작곡가 사라사테 태어나다

1844년 3월 10일 스페인에서 태어난 파블로 사라사테(Pablo de Sarasate : 1844~1908)는 유럽과 아메리카로 연주 여행을 떠나 바이올린 연주가이자 작곡가로 이름을 떨쳤다.

그는 10세 때 이미 바이올린의 신동으로 알려졌다. 당시 이사벨 여왕은 그를 불러 연주를 듣고는 크게 감동하여 명기인 '스트라디바리우스'를 주었다.

그의 대표작인 「치고이너바이젠Zigeunerweisen」은 '집시의 노래'란 뜻으로, 그가 헝가리를 여행하면서 집시들의 무곡을 소재로 집시 특유의 정열, 애수 등을 잘 표현한 바이올린의 명곡이다.

드보르자크 등 저명한 작곡가들에게 헌정곡을 받은 바 있는 사라사테는 1908년 9월 20일 프랑스 파리에서 숨을 거뒀다.

—

1998년 3월 10일

인도네시아 수하르토 대통령, 7선 연임

—

1998년 3월 10일, 인도네시아 대통령 수하르토(Suharto : 1921~2008)가 대통령에 당선되어 7번째 임기를 이어갔다. 그러나 같은 해 5월 21일 그의 독재 체제에 대한 국민의 불만이 높아지자 대통령직을 사임하게 되었다. 이로써 수하르토의 32년간의 철권통치는 막을 내렸다. 후임 대통령은 그의 양자이자 부하였던 하비비가 이어받았다.

3월의
모든 역사

3월 11일

1955년 3월 11일

페니실린 발명한 영국 의학자
알렉산더 플레밍 사망하다

영국 수상이었던 처칠은 어린 시절 템스 강에서 수영하다 물에 빠져 허덕이고 있었다. 이때 한 청년이 물속으로 뛰어 들어가 구해 주었다. 이에 처칠의 할아버지는 청년에게 소원을 물었다.

"저는 의학 공부를 하고 싶지만, 집이 넉넉하지 못해서 의과 대학교에 갈 수가 없습니다. 의학 공부를 할 수 있게 도와주셨으면 합니다."

처칠을 구해준 청년은 바로 알렉산더 플레밍(Alexander Fleming : 1881~1955)이었다. 이 사건을 계기로 플레밍은 계속 의학을 공부할 수 있었고, 최초의 항생제인 페니실린을 발견하여 처칠 한 명이 아닌 수많은 사람들을 구하게 되었다.

플레밍은 1881년 8월 6일 스코틀랜드의 농가에서 태어났다. 1906년 런던 대학교 세인트메리 병원 의학교를 졸업한 후 라이트 연구실에서 미생물학을 연구하였다. 제1차 세계 대전 동안 프랑스의 야전 병원에서 근무하였고, 1918년 11월에 전쟁이 끝나자 세인트메리 병원 의학교로 돌아와 면역학을 연구하였다.

1928년의 일이었다. 교수로 승진한 플레밍은 아이들에게 부스럼을 일으키는 포도 모양의 병균(포도상 구균)을 연구하고 있었다.

그러던 어느 날 한 접시에서 배양된 세균을 현미경으로 관찰하다가 깜빡 잊고 접시의 뚜껑을 닫지 않은 채 연구실을 나왔다. 연구실로 돌아와 다시 접시를 바라본 플레밍은 무언가 이상한 점을 발견했다. 젤라틴이 깔린 유리 접시 중 뚜껑이 열려 있는 접시에서 푸른색 곰팡이가 보이는 것이었다.

실험에 실패했다고 생각한 플레밍은 접시를 치우려고 했다. 그 순간 접시에 가득 퍼져 있던 세균이 사라져 버린 것을 알게 되었다. 플레밍은 접시를 뚫어지게 바라보며 도대체 무엇 때문에 세균이 사라졌는지 고민했다.

'도대체 무엇 때문에 이 세균들이 사라져 버렸을까? 분명히 무언가 강한 살균력을 가진 것이 있을 텐데…….'

다시 실험에 착수한 그는 푸른곰팡이를 충분히 배양해 두고 곰팡이 위에 여러 병균을 올려놓았다. 가장 먼저 혼합한 균은 포도상 구균이었다. 포도상 구균은 부스럼뿐 아니라 폐렴과 복막염을 앓게 만드는 원인이었다.

그런데 푸른곰팡이에 올린 지 얼마 되지 않아 포도상 구균이 모두 사라졌다. 포도상 구균 외에도 수많은 병균이 푸른곰팡이 위에서 사라져 버렸다. 마침내 실험이 성공한 것이었다.

플레밍은 푸른곰팡이의 배양물에 '페니실린'이라는 이름을 붙였다. 페니실린은 폐렴과 복막염뿐 아니라 매독과 파상풍에도 효과가 있었다.

한편 강물에 빠졌던 처칠이 이번에는 폐렴에 걸려 죽을 고비를 맞이하고 있었다. 처칠은 아프리카에서 군인으로 참전하고 있던 중이었다. 이번에도 플레밍이 나섰다. 플레밍은 아프리카로 날아가 처칠에게 페니실린을 투여하였다. 그리고 처칠은 다시 살아날 수 있었다.

플레밍은『곰팡이의 배양 물이 세포에 작용하는 성질, 특히 플루엔자균 분리의 이용에 대하여』라는 제목의 논문을 발표하였다. 그러나 플레밍의 논문은 플로리아와 체인이라는 두 교수가 플레밍의 연구를 완성시킨 후에야 인정을 받게 되었다. 1945년, 플레밍, 플로리아, 체인 세 사람은 마침내 노벨 생리·의학상을 수상하게 되었다.

항생제 분야 발전의 초석을 다진 플레밍은 이후 영국 왕립학회 회원이 되었고, 1955년 3월 11일 런던에서 심장마비로 사망하였다.

1796년 3월 11일

나폴레옹, 이탈리아 원정을 시작하다

"나는 이탈리아를 보았지만 알프스는 볼 수 없었다."

이탈리아를 정복한 후 나폴레옹이 한 말이다. 목표에 대한 집념이 그 엄청 난 장애물인 알프스를 넘어 버린 것이었다.

18세기 후반의 프랑스는 프랑스 대혁명(1789~1799)의 진통을 겪으 며 혁명파와 반혁명파가 극렬하게 대립하는 시대였다. 그리고 이 시기 는 훗날 프랑스 혁명의 자유 · 평등 · 박애 이념을 전 유럽에 퍼뜨리고 스스로 황제에 오른 나폴레옹 1세가 정치적 발판을 다진 기간이기도 하였다.

코르시카 출신의 귀족 청년 장교 나폴레옹 보나파르트(Napoleon Bonapart : 1769~1821)는 프랑스 내 왕당파 세력 진압으로 무훈을 세우 며 출세 가도를 달리기 시작했다.

그는 1793년 24세의 나이로 사단장이 되었고, 1796년에는 이탈리아 원정군의 사령관이 되었다. 이때 그는 아무도 예측하지 못했던 원정로 를 선택하여 대성공을 거두었다. 그 길은 바로 만년설로 뒤덮인 알프스 산맥이었다. 나폴레옹과 그의 군대는 만년설 그리고 알프스의 눈보라 와 싸워 가며 프랑스에서 이탈리아 반도로 진격하였다.

성공적으로 이탈리아를 점령한 나폴레옹은 곧이어 오스트리아 정복 에 나섰다. 수도 빈을 나폴레옹군에게 빼앗긴 오스트리아는 프랑스에 게 이탈리아 북부와 벨기에 지역을 양도하였고, 넓어진 프랑스의 영토

만큼 프랑스에 미치는 나폴레옹의 영향력도 커졌다.

1796년 3월 11일에 시작된 프랑스의 이탈리아 원정은 이후 유럽을 휩쓴 나폴레옹 원정의 기점이나 마찬가지였다. 이후 나폴레옹은 1799년에는 쿠데타를 일으켜 프랑스의 제1통령이 되었으며, 1804년 12월 2일 드디어 프랑스 제국의 나폴레옹 1세로 즉위하였다.

*** 1804년 12월 2일 '나폴레옹, 프랑스 황제에 오르다' 참조**

2006년 3월 11일

'발칸의 도살자' 밀로셰비치 사망하다

크로아티아 내전, 보스니아 헤르체고비나 내전, 코소보 인종 청소의 주범인 슬로보단 밀로셰비치 전 유고슬라비아 대통령이 2006년 3월 11일 사망하였다. 사망 당시 밀로셰비치는 네덜란드의 유고 국제 전범 재판소에 투옥 중이었다.

'발칸의 도살자'로 불리는 유고슬라비아의 전 대통령 슬로보단 밀로셰비치(Slobodan Milosevic : 1941~2006)는 1941년 8월 20일 세르비아의 포자레바크에서 태어났다.

베오그라드 대학교에서 법을 전공한 밀로셰비치는 공산당 산하의 경제 연구소에 취직하였다. 그리고 1984년에는 베오그라드 지구당의 공산당 위원장이, 1987년에는 공산당 당수가 되었으며, 1989년 5월 세르비아 대통령으로 선출되었다.

　그는 대통령으로서 세르비아 민족주의를 강력히 내세웠고, 세르비아인에 의한 유고슬라비아 사회주의 연방 공화국 통치를 주창하였다. 1991년 크로아티아가 유고 연방에서 독립을 선언하자 밀로셰비치는 크로아티아와 내전을 벌였으며, 이때의 내전으로 약 20만여 명이 사망하였다. 또한 1992년 보스니아와 헤르체고비나가 유고 연방에서 함께 독립하자 또다시 내전을 일으켰으며, 이로 인한 사망자가 약 10만여 명에 달하였다.

　그리고 1998년의 코소보 사태 때에는 밀로셰비치와 그를 지지하는 세르비아 민족주의자들에 의해 알바니아계 이슬람교도 주민 수만 명이 살해당했고, 약 100만 명이 고향에서 쫓겨났다. 당시 북대서양 조약 기구NATO와 유럽 국가들은 밀로셰비치에게 군대 철수를 요구하였으나 밀로셰비치는 이를 거부했다.

　결국 1999년 3월 미국과 나토 평화 유지군 등은 유고슬라비아 공습을 시작했으며, 같은 해 5월 유엔은 밀로셰비치를 국제 전범 재판소에 기소하였다. 그리고 다음 달인 6월 3일, 밀로셰비치는 나토의 조건을 받아들여 코소보에서 철군하였다.

　지속되는 내전과 알바니아계-이슬람교도에 대한 인종 청소로 인해 유고슬라비아는 국제 사회에서 점점 고립되었으며, 밀로셰비치는 '발칸의 도살자'라고 불리게 되었다. 전쟁은 끊임없이 벌어졌으며, 이로 인해 대외 원조마저 중단되었다. 유고슬라비아는 점점 가난해져 갔으며, 국민들은 서서히 민족주의의 환상에서 벗어나기 시작했다.

　마침내 2000년, 유고슬라비아 역사상 최고의 봉기가 일어났다. 유고슬라비아 전역에서 파업이 발생했고, 대규모 시위대는 도로를 봉쇄하고 국회 의사당을 점령하였다. 군경마저 밀로셰비치에게 등을 돌리고 시위대에 합류하였다. 결국 밀로셰비치는 권좌에서 내려오게 되었고, 이듬해인 2001년 체포되어 헤이그의 전범 재판소에 회부되었다가 2006년 3월 11일 감옥에서 사망하였다.

2011년 3월 11일

일본, 진도 9.0의 대지진 발생

2011년 3월 11일 일본의 동북 지역에서 진도 9.0의 강진이 발생해 높이 10m에 이르는 쓰나미가 내륙 연안을 덮쳤다. 1900년 이후 세계에서 네 번째로 큰 규모의 지진으로 꼽히는 일본 동북 지방 대지진은 센다이 동쪽 179km 지점의 해저에서 시작해 환태평양 지진대를 따라 발생하였다.

첫 지진 발생 이후 여진이 멈추지 않았고, 발생 이틀 후인 13일에는 일본 남부 규슈 지방의 화산이 폭발하여 화산 가스와 화산재가 상공 4,000m까지 솟아올랐다. 또한 일본 내 약 140만 가구가 단수되었으며, 250만 가구가 단전되었다. 인명 피해도 극심해 사망자만 1만여 명, 실종자는 그 이상으로 추정되었다.

이 같은 자연재해 외에 가장 문제시되는 부분은 바로 인재, 즉 국제 원자력 사고 최고 단계인 7등급 판정을 받은 노후한 도쿄 전력의 원자력 발전소 방사능 유출 사고였다. 노르웨이 대기 연구소에 따르면 후쿠시마 원전 유출 방사능 세슘의 양은 약 3만 6,000TBq로, 이는 체르노빌 원전 사건과 맞먹거나 약간 상회하는 수준이었다.

문제는 강진으로 발생한 해일이 후쿠시마 원자력 발전소의 원자로를 수차례 덮쳐 발전소 시설을 파괴한 것에서 시작하였다. 후쿠시마 원전 2호기와 4호기의 비상 전원 · 수몰 보조 냉각 시스템 해수 펌프 · 연료 탱크 등은 모두 지하에 위치해 있었는데, 이때 모두 수몰되어 모든 원자로가 정전되어 버렸다.

뿐만 아니라 냉각 해수 펌프가 노후한 데다 국제 표준 규격에도 미흡해, 대기 · 토양 · 해수 · 지하수 등이 방사능에 유출되었다. 이에 따른 피폭자 또한 급증하였으며, 한동안 후쿠시마 원전 주변은 출입 금지 구역으로 제한되기도 하였다.

—

1931년 3월 11일

미국의 미디어 재벌 머독 태어나다

—

오스트레일리아 출신의 미국인 루퍼트 머독(Rupert Murdoch : 1931~)은 1931년 3월 11일 멜버른에서 태어났다.

1952년 그는 종군 기자 출신의 아버지에게서 오스트레일리아의 작은 신문사를 물려받았다. 이후 애들레이드를 기반으로 했던 작은 지역 신문사는 스캔들, 섹스, 스포츠, 범죄를 집중적으로 보도하며 비약적으로 성장하였다.

머독은 영국의 『타임스』, 홍콩의 스타TV, 미국의 메트로 방송사 등 미국, 유럽, 아시아 등지의 언론사를 차례차례 흡수 · 합병하여 세계 최대의 미디어 그룹인 뉴스 코퍼레이션News Coporation을 설립하였다.

그러나 그에 대한 평가는 사뭇 대조적이다. 『워싱턴 포스트』는 '지구촌의 정보통신부 장관'이라고 칭찬하였으나, 이에 반해 '미디어의 악마'라고 비난하는 사람도 많기 때문이다.

비틀스, 마지막 앨범 『Let it be』발매

내가 힘들어 하고 있을 때 When I find myself in times of trouble

성모 마리아가 내게 다가와 Mother Mary comes to me

지혜로운 말씀을 전해 주었죠 Speaking words of wisdom

그냥 두어라. Let it be.

내 어둠의 시간 속에서 And in my hours of darkness

그녀는 밝게 내 앞에 서 계시며 She is standing bright in front of me

지혜로운 말씀을 전해 주었죠 Speaking words of wisdom

그냥 두어라. Let it be.

『Let it be』는 전설적인 영국의 록 그룹 비틀스의 최후를 상징하는 곡이다. 이 곡은 1970년 3월 11일 싱글 음반으로 발표되었다. 이 곡은 폴 매커트니가 지쳐 있던 시기에 어머니를 떠올리며 만든 곡이라 한다. 가사에 나오는 '성모 마리아Mother Mary는 폴의 어머니 메리를 가리킨다.

3월의
모든 역사

3월 12일

1925년 3월 12일

중국 근대 혁명의 아버지 쑨원 사망하다

삼민주의란 무엇인가. 그것은 나라를 구한다는 구국주의이다. 삼민
주의는 국제적 지위의 평등, 정치적 지위의 평등, 경제적 지위의 평
등을 촉진하며 중국이 세계에서 영원히 생존해 나갈 수 있도록 할
것이다.

-쑨원, 삼민주의

　중산中山 쑨원(孫文 : 1866~1925)은 포르투갈이 지배하고 있던 마카오 부근의 광둥 성에서 1866년 11월 12일 평민으로 태어났다.

　1879년 어머니를 따라 하와이로 이주한 쑨원은 화교 자본가였던 큰형의 도움으로 체계적인 서양식 근대 교육을 받을 수 있었다. 그는 영어를 매우 잘했으며, 하와이에서 학교를 다니는 동안 상을 받았다는 기록도 남아 있다. 하와이에 거주하는 동안 미국의 민주주의에 깊은 감동을 받았던 쑨원은 18세 때 중국으로 돌아오던 중 미국과 너무나 다른 고국의 모습에 큰 충격을 받았다고 전해진다.

　배를 타고 갈 때였다. 배는 잠시 세관이 있는 부두에 머물렀는데, 불법적인 물건이 있는 사람들은 물건을 몰수당하거나 감옥으로 가지 않기 위해 세관원에게 돈을 바쳤다.

　돈을 주자 다른 한 떼의 관리들이 왔다. 이번에는 아편을 검사하는 관리였다. 그들은 다시 돈을 요구하였다. 돈을 주자 그들은 물러났다.

　또 한 떼의 관리들이 왔다. 그들은 기름 밀수를 검사하였고 역시 돈을 주자……

　쑨원은 이때 받은 충격으로 정치 운동에 눈을 뜨게 되었다. 귀국한 쑨원은 세례를 받고 광저우와 홍콩의 의학교를 졸업한 뒤(1892) 마카오, 광저우 등지에서 개업하였다. 'Dr. Sun'이라는 이름도 이 때문에 붙여진 것이다. 쑨원은 마카오에서 의술을 펼치는 동안 흥중회에 가입하였다.

　나는 마카오에서 정치 운동이 일어나고 있다는 것을 처음으로 알게 되었다. 이 운동은 중국의 개조이며, 중국을 부흥시키자는 뜻의 흥중회도 이런 열망을 담고 있었다. 나는 깊이 감동하여 이 당에 투신하였다.

쑨원은 1895년 2월에 홍콩 흥중회를 창설하고 광저우에서 봉기를 모의하였으나 사전에 누설되어 외국으로 망명하였다. 1896년 하와이를 거쳐 런던으로 간 쑨원은 유럽의 정치 · 경제 상황과 정치 학설을 연구하고 진보적인 사람들을 만났다. 쑨원의 삼민주의 사상은 이 무렵에 만들어지기 시작했다.

1897년 쑨원은 일본으로 가서 일본의 뜻있는 사람들과 만났으며, 황제 체제를 지지하는 캉유웨이, 량치차오 등과 합작을 시도하였다. 또한 화교와 유학생들을 대상으로 혁명의 필요성을 널리 알리기도 했다. 1905년 8월 쑨원은 일본 도쿄에서 동맹회를 창건하고 '만주족 축출, 중화 회복, 민국 창립, 토지 소유의 균등'을 동맹회 강령으로 채택하였다. 또한 동맹회 기관지인 『민보民報』에서 '민족, 민권, 민생'의 삼민주의를 발표하였다.

이후 쑨원은 미국으로 옮겨 가 군자금 모금에 전력을 다하였다. 그러나 1911년 10월 신해혁명이 발생하였다. 이에 쑨원은 급히 귀국하였고, 1912년 1월 1일 수립한 중화민국 임시 정부의 임시 대총통이 되었다.

그러나 쑨원은 혁명 세력의 군사적 취약함을 느끼고 북부 군벌 출신인 위안스카이(袁世凱 : 1859~1916)에게 정권을 넘겨주었다. 위안스카이는 청나라의 마지막 황제인 선통제(宣統帝 : 1906~1967)를 퇴위시키고 1913년 대총통직에 올랐고, 쑨원은 국민당의 이사장이 되었다. 그러나 1916년 위안스카이는 국민당을 매수하고 황제가 되려 했으나 실패하였고 그해에 사망했다.

1914년, 쑨원은 중화 혁명당을 창설해 공화정 체제 수호를 위한 호법 운동으로 정권을 수립하려 했다. 같은 해, 비서이자 연인이었던 쑹칭링과 결혼하였으며, 이후 "나는 49세가 되어서야 사랑을 알았다."라고 회고하였다.

1917년, 러시아에서 발생한 3월 혁명과 10월 혁명으로 제정 러시아가 붕괴하였다. 쑨원은 이에 크게 감명받고 국민당을 개조하여 공산당과 함께하려 노력했으며, 1923년 마침내 제1차 국공 합작을 이루었다. 그 후 쑨원은 북벌을 완성하여 국민 혁명을 이룩하려 하였으나 뜻을 이루지 못하였고, 1925년 3월 12일 베이징에서 다음과 같은 유언을 남기고 세상을 떠났다.

혁명은 아직도 이루지 못했소. 동지들, 끝까지 투쟁하시오.

1930년 3월 12일

간디, 소금 행진 시작

영국 경찰이 철판을 입힌 방망이로 간디와 함께 소금 행진을 하던 인도인들을 내리쳤다. 하지만 곤봉에 맞아 볼링 핀처럼 쓰러지면서도 단 한 사람의 인도인도 곤봉을 피하지 않았다.

제1차 세계 대전 중 영국은 전쟁에서 승리하면 인도를 독립시켜 주겠다고 약속하고 인도인들의 협조를 부탁했다. 인도 용병 120만 명은 조국의 독립을 위해 세계 대전에 참가하였다.

하지만 전쟁이 끝나도 영국은 약속을 지키지 않았을 뿐만 아니라, 1919년에는 반란 진압을 위해 롤래트 법을 제정해 인도 탄압을 강화했다. 마하트마 간디(Mahatma Gandhi : 1869~1948)는 이와 같은 영국의 정책을 "빵을 구하는 사람에게 돌을 던지는 짓"이라고 비판하고, 이듬해인 1920년 국민 회의와 함께 비폭력 불복종 운동을 선언했다. 간디의 상징이나 마찬가지인 비폭력 불복종 운동이 시작되는 순간이었다.

한편 영국은 '소금법'을 만들어 모든 소금은 반드시 영국에서 수입해야 한다고 규정하였다. 이에 간디는 소금법에 대항하기 위해 청년 79명과 '소금 행진'을 시작했다. 1930년 3월 12일의 일이었다.

행진이 계속될수록 점점 많은 인도인들이 간디를 지지하고 자발적으로 행진에 참여하였다. 인도의 서부 야마다바드 시에서 출발한 여정은 목적지인 단디 해안까지 약 400km 가까이 되는 머나먼 길이었다. 마침내 해안에 이르자 행진에 참여했던 인도인들은 모두 자신의 손으로 바닷물을 떠 햇볕에 말리고 소금을 만들어 영국 정부에 항의를 표했다.

"우리도 소금을 만들 수 있다."

이것은 영국의 소금법에 정면으로 대항하는 행위였다. 그러나 그 순간, 영국군의 누구도 간디에게 발포할 수 없었다. 이 행진으로 간디는 영국에게 '소금 도둑'이라고 비난받았지만, 인도 민중에게는 '마하트마(위대한 영혼의 소유자)'라는 존칭으로 불리게 되었으며, 소금 행진은 이후 인도 독립 운동의 정신으로 아로새겨지게 되었다.

1890년 3월 12일

러시아의 천재 무용가
바슬라프 니진스키 태어나다

오! 육체는 슬퍼라.

그리고 나는 모든 책을 다 읽었다.

떠나 버리자, 저 멀리 떠나 버리자…….

몽롱한 육감 그리고 관능적인 희열. 판이 잠들기 전 님프가 떨어뜨리고 간 스카프 위에서 성행위를 연상시키는 마지막 동작은 파리 사람들에게 큰 충격이었다.

말라르메의 시를 바탕으로 클로드 드뷔시가 곡을 쓰고 바슬라프 니 진스키(Vaclav Nijinsky : 1890~1950)가 안무한 발레『목신의 오후』가 1912년 5월 파리에서 초연되었다.

공연 다음 날 프랑스 대부분의 매체들이『목신의 오후』를 극찬하 는 가운데『르 피가로』만이 작품의 도덕성을 비판하였다. 파리는 니 진스키 안무 지지파와 반대파로 나뉘었다. 니진스키가 체포되고 발 레가 중단될 위기에 이르자 프랑수아 오귀스트 로댕(Auguste Rodin : 1840~1917)은『르 마탱』에 니진스키 옹호 글을 발표하였다. 결국『목신 의 오후』를 옹호하는 사람들이 승리하였고 공연은 계속하게 되었다.

광기와 천재 사이를 오간 무용가, 20세기 초반 최고의 남성 무용수로 불리는 니진스키는 1890년 3월 12일 러시아 키예프에서 태어났다.

그의 부모는 모두 저명한 무용가였고, 니진스키 또한 9살이 되던 1898년 상트페테르부르크의 황실 무용 학교에 입학하였다. 1907년 무용 학교를 졸업한 뒤 니진스키는 무용가로서 본격적인 활동을 시작했다. 이후 유럽은 물론 미국과 라틴 아메리카 순회공연을 하였으며, 1912년부터 안무가로서 작품을 내놓기 시작했다.

그가 직접 안무한 대표적인 작품으로는 『목신의 오후』 『봄의 제전』 등이 있으며, 그의 작품들은 공연 때마다 혁신적이고 충격적인 안무와 발상으로 세상을 놀라게 만들었다.

그러나 20세기 초반 최고의 남성 무용수로 불리던 니진스키는 진보적인 예술관을 펼칠 곳이 없어 방황을 거듭하였다. 결국 그는 29세의 젊은 나이에 정신 병동으로 들어가게 되었으며, 이후 스위스, 프랑스, 영국 등지를 떠돌며 남은 여생을 보냈다. 니진스키는 1950년 4월 8일 런던에서 사망하였고, 그 유해는 파리에 안장되었다.

1947년 3월 12일

미국, 트루먼 독트린 발표

제2차 세계 대전 이후 소련의 유럽 공산화 정책을 두려워하던 미국과 서유럽의 국가들은 서로의 협력 강화를 위해 다양한 정책들을 내놓았다.

1947년 3월 12일, 미국의 33대 대통령이었던 해리 트루먼(Harry Truman : 1884~1972)은 의회 내 공산주의 세력의 확대를 저지하기 위해 트루먼 독트린을 발표하였다. 자유 진영 대 공산 진영의 냉전을 공식화

한 이 선언은 공산주의의 세력 확장과 물리적 위협에 적극적으로 대항하겠다는 미국의 의지를 밝힌 것이었다.

그리고 같은 해 6월, 미국은 유럽 경제 부흥 계획인 마셜 플랜을 발표하였다. 이는 트루먼 독트린을 전략적 · 경제적으로 실행한 것으로, 제2차 세계 대전 이후의 유럽을 국가별 · 지역별로 원조하겠다는 내용이 담겨 있었다. 이후 미국-서유럽 국가 간의 결속은 한층 더 긴밀해졌으며, 동서 냉전은 점점 극적으로 치닫게 되었다.

2000년 3월 12일

로마 가톨릭, 과거 박해 참회

2000년 3월 12일, 교황 요한 바오로 2세는 바티칸의 성 베드로 대성당에서 집전한 사순절 미사에서 "우리 가톨릭은 기독교도들 사이의 분파와, 진리를 추구한다는 명목으로 행한 폭력 그리고 다른 종교를 추종하는 사람들에게 보여준 적대적인 의식 등에 대해 용서를 구한다."라고 강론하며 지난 2000년간의 억압과 박해에 대해 용서를 구하였다.

이는 로마 가톨릭이 종교의 이름으로 행해 왔던 종교 재판, 마녀사냥, 십자군 전쟁, 강제 개종, 이교도 박해 등을 모두 의미하는 것이었다.

1955년 3월 12일

미국 재즈 색소폰 연주자 찰리 파커 사망하다

미국의 재즈 연주자이며 작곡가인 찰리 파커(Charlie Parker : 1920~1955)는 1920년 8월 29일 캔자스 주에서 태어났다.

그는 13세 때부터 알토 색소폰을 불기 시작하였으며, 1945년에 최초의 비밥bebop 레코드를 내놓았고 재즈계에서의 비밥 운동을 일으켰다. 그는 힘과 아름다움을 갖춘 즉흥 연주에 뛰어나 수많은 음악가들의 찬사를 받았다.

찰리 파커는 1955년에 3월 12일 뉴욕 주에서 마약 중독으로 사망하였으며, 대표적인 곡으로는 「나우 더 타임」 「빌리스 바운스」 등이 있다.

2002년 3월 12일

유엔 안전 보장 이사회,
팔레스타인을 독립국으로 인정

2002년 3월 12일 코피 아난 유엔 사무총장과 안전 보장 이사회는 팔레스타인을 독립국으로 인정하며 이스라엘-팔레스타인 간의 휴전을 요구하는 성명을 발표하였다.

이와 같은 유엔 결의안은 공식적인 법적 구속력은 없으나, 앞으로의 팔레스타인 난민들에 대한 유엔의 공식적인 입장이라는 데 의의가 있다고 평가되었다.

3월 13일

1881년 3월 13일

러시아 황제 알렉산드르 2세 암살

알렉산드르 2세의 반동 정치에 불만을 가진 일부 혁명 지식인들은 황제의 암살만이 러시아를 개혁하는 유일한 해결책이라고 믿었다. 그리고 1881년 3월 13일, 알렉산드르 2세는 상트페테르부르크에서 테레리스트의 폭탄으로 암살되었다.

　제정 러시아의 황제 알렉산드르 2세는 1885년 크림 전쟁 중 부왕의 사망으로 왕위에 올랐다. 알래스카를 미국에 판 것으로도 유명한 알렉산드르 2세는 크림 전쟁을 몸소 겪으며 영국 · 프랑스 등의 선진국과 러시아의 격차를 온몸으로 느꼈다. 또한 자유주의자이며 인도주의자인 가정교사 바실리 안드레예비치 주콥스키(Vasilii Andreevich Zhukovsky : 1783~1852)에게 교육을 받아, 즉위 후 다양한 개혁 정치를 펼친 것으로 유명하다.

　새 황제는 즉위와 함께 지방의 자치 정부를 허용하고 사법 제도를 개혁하였으며, 1861년 3월에는 농노 해방령을 발표하였다. 또한 본격적으로 중앙아시아 정복을 시작하여 코칸트, 부하라, 히바 등 소공국들을 정복했다. 같은 해에, 자치화된 지방 정부 평의회 젬스트보에서 러시아의 중간 계급이 스스로 자유화된 국가를 이루는 방법을 고민하는 정치 토론이 이루어졌다.

　그러나 러시아 자유주의의 아버지로 평가받는 알렉산드르 이바노비치 헤르첸(Aleksandr Ivanovich Herzen : 1812~1870)은 러시아에 보다 근본적인 개혁을 요구하였다. 그에 비해 알렉산드르 2세의 개혁은 성과가 지지부진하였고, 개혁에 불안을 느낀 정부는 황제에게 개혁 중지를 요구하였다.

　그러던 가운데 1863년 폴란드에서 민족 운동이 발생했다. 알렉산드르 2세는 제정 러시아에 반발하는 폴란드를 무자비하게 짓밟았을 뿐만 아니라, 점점 반개혁적인 황제로 변해 갔다.

　1866년, 황제 암살 계획이 드러나자 그는 자신이 진행했던 개혁 정책까지 탄압하기 시작했다. 비밀경찰이 나라 전체를 돌아다니면서 개혁적인 인물들을 감시하였고, 젬스트보의 정치 토론이 금지되었으며,

언론과 학교에는 검열이 확대되었다.

황제의 반동 정치에 불만을 가진 개혁주의자들은 재차 황제 암살 계획을 세웠고, 결국 1881년 3월 13일 상트페테르부르크에서 테러리스트의 폭탄으로 알렉산드르 2세는 암살되었다.

1733년 3월 13일

산소를 발견한 영국 화학자 조지프 프리스틀리 태어나다

산소를 발견한 프리스틀리는 비국교회파 소속의 목사였다.

그는 삼위일체설과 기독교의 신성을 부정하였으며, 공리주의적인 철학을 주장해 벤담 등에게 큰 영향을 끼쳤다.

프리스틀리가 과학에 관심을 가지게 된 것은 런던에서 벤자민 프랭클린을 만난 이후부터였다.

산소를 발견한 조지프 프리스틀리(Joseph Priestley : 1733~1804)는 목사이자 화학자로, 1733년 3월 13일 영국에서 출생하였다.

1774년 프리스틀리는 한 가지 실험을 했다. 수은을 공기 중에서 가열하여 얻은 산화수은을 커다란 볼록 렌즈로 모은 태양열로 다시 가열한 것이다. 열을 받은 붉은 가루는 기체를 방출하고 수은으로 변하였다. 프리스틀리는 이때 생성된 기체 속에 불붙은 양초를 넣어 보았다. 양초는 더 밝은 빛을 내며 타오르기 시작했다.

2개월 후 프리스틀리는 이 결과를 프랑스의 과학자 앙투안 로랑 라부아지에(Antoine Laurent Lavoisier : 1743~1794)에게 알렸다. 라부아지에는 프리스틀리의 실험을 수차례 반복해본 뒤, 이 기체는 새로운 원소라고 인정하였다. 라부아지에는 이 새로운 기체의 연소 생성물 대부분이 산의 성질을 나타내는 것에서 착안하여 그리스어의 'oxys(신맛이 있는)'와 'genno(생기다)'를 복합하여 'oxygen(산소)'이라고 명명하였다.

한편 프리스틀리는 가족들과 함께 미국으로 이주하여 펜실베이니아에 자리 잡았으며, 1804년 2월 6일 그곳에서 생을 마감하였다.

1781년 3월 13일

영국 천문학자 허셜, 천왕성 발견

수성(水星, Mercury), 금성(金星, Venus), 화성(火星, Mars)이라는 이름에서 알 수 있듯 동양과 서양의 천문학은 독자적인 발전을 보여 왔다. 그러나 '천왕성(天王星, Ouranos)'이라는 이름만큼은 서양의 '우라노스'를 번역한 말이다. 우라노스는 그리스 신화에 나오는 하늘의 신이다.

1738년 11월 5일 독일 하노버에서 태어난 윌리엄 허셜(William Herschel : 1738~1822)은 1757년에 가족들과 함께 영국으로 이주하였다. 그리고 1781년, 그는 여동생 캐럴라인(Caroline Herschel : 1750~1848)과 함께 영국의 작은 마을에서 토성의 바깥쪽에서 태양의 둘레를 돌고 있는 한 행성을 발견하였다. 바로 천왕성이었다.

태양으로부터 천왕성까지의 거리는 가장 가까울 때가 17억 3,000만 km, 자전 주기는 10시간 49분, 공전 주기는 84.02년이다. 허셜이 천왕성을 발견하기 전까지 서양인들은 그리스 시대로부터 알려졌던 수성에서 토성까지의 6개 행성만 존재한다고 믿었다. 따라서 천왕성의 발견은 천문학계에 큰 충격을 불러일으켰고 태양계의 넓이는 단번에 2배로 늘어났다.

이후 허셜은 우주 진화론을 발표하는 등 천문학적 연구를 멈추지 않았으며, 1822년 8월 25일 영국에서 사망하였다.

1906년 3월 13일

미국 여성 사회 개혁자 앤서니 사망하다

수전 브로넬 앤서니(Susan Brownell Anthony : 1820~1906)는 1820년 2월 15일 미국 매서추세스 주에서 태어났으며, 여성의 참정권 운동에 공헌하였다.

1869년 앤서니는 전국 여성 참정권 협회를 조직하였으며, 의회에 '여성 참정권 법안'을 제출하여 여성 투표의 합법성을 주장하였다. 마침내 1920년, 연방 정부의 헌법 수정안이 상·하 양원을 통과하였다. 21세 이상의 여성들에게도 남성과 동등한 참정권이 주어진 시대가 도래한 것이었다.

동료들과 함께 『성 참정권의 역사』라는 책을 저술하기도 했던 앤서니는 1906년 3월 13일 뉴욕에서 사망하였다.

1855년 3월 13일

화성 운하를 처음 발견한
미국 천문학자 로웰 태어나다

대한 제국 고종의 사진을 처음으로 촬영한 것으로 알려진 퍼시벌 로웰(Percival Lowell : 1855~1916)은 1855년 3월 13일 미국 보스턴에서 태어났다.

그는 사업가이자 외교관으로 활동하던 중 천문학에 뛰어들었다. 1894년 로웰은 애리조나 주의 플래그스태프에 자신의 이름을 붙인 로웰 천문대를 지었다. 이곳에서 오랜 시간 동안 많은 행성을 관측한 로웰은 다양한 천문학적 견해를 내놓았다.

로웰은 화성에 인공적인 건축물과 화성인이 있다고 주장하였다. 그리고 해왕성 밖으로 또 다른 행성이 있다고도 하였으며 그 궤도까지 계산하였다. 1915년 그는 이 같은 계산을 바탕으로 『해왕성 뒤에 있는 행성에 관한 논문』을 발표해, 1930년 로웰 천문대에서 명왕성을 발견할 수 있는 발판을 마련하였다. 그러나 로웰은 논문 발표 이듬해인 1916년 11월 12일에 사망하여 자신의 논문이 미친 영향을 직접 확인할 수는 없게 되었다.

1997년 3월 13일

인도의 니르말라 수녀,
테레사의 뒤를 이어 수녀원장으로 지명

1989년 12월, '살아 있는 성녀'라 칭송받던 인도의 테레사 수녀(Mother Teresa : 1910~1997)가 현기증으로 쓰러졌다. 그 후 테레사 수녀는 급격히 건강이 악화되었으며, 더 이상 직책을 수행하기도 힘들어졌다. 결국 테레사 수녀는 '사랑의 선교 수녀회'에서 수행했던 모든 공식적인 직책에서 사임하였고, 새로운 수녀원장을 선출하기 위해 대의원 회의가 소집되었다.

그리고 8년 가까이 흐른 1997년 3월 13일, 인도 출신의 마리아 니르말라 수녀(Sister Nirmala : 1934~)가 사랑의 선교 수녀회 새 총장으로 선출되었고, 같은 해 9월 5일, 테레사 수녀가 생을 마감하였다.

* 1997년 9월 5일 '테레사 수녀, 생을 마감하다' 참조

3월 14일

1879년 3월 14일

독일 물리학자 알베르트 아인슈타인 태어나다

나는 내가 핵폭탄의 아버지라고 생각하지 않는다. 핵폭탄에 대해 나는 매우 간접적인 역할만을 했을 뿐이다.

사실 나는 내 생전에 원자 에너지가 방출되리라고는 예감하지 못했다. 연쇄 작용의 우연한 발견으로 핵폭탄이 만들어지기는 했지만, 그것은 정말 예측하지 못했던 일이었다.

-아인슈타인

　알베르트 아인슈타인(Albert Einstein : 1879~1955)은 1879년 3월 14일 독일 울름의 유대계 가정에서 태어났다. 그러나 그의 부모님은 가톨릭교도였으며 그 역시 가톨릭교도로 성장하였다. 그러나 아인슈타인은 유대인이라는 이유로 학교에서도 차별을 받았고, 이 때문에 신경 쇠약에 걸릴 정도로 학교에 적응하지 못하는 학생이 되었다. 다만 숙부의 영향으로 수학과 과학에는 지속적인 관심을 보였으며, 이것은 그의 인생에 큰 영향을 미쳤다.

　그리고 18살이 된 아인슈타인은 대학 입학시험을 앞두고 자신의 일기장에 다음과 같이 적었다.

　만약 내가 대학 입학시험에 합격할 수 있다면 취리히에 있는 공과대학교로 가서 수학과 물리학을 공부할 것이다.

　이것은 내가 무엇보다 추상적이고 수학적인 사고를 좋아하기 때문이며, 환상이나 실용을 다루는 것들에는 별다른 재능이 없기 때문이다.

　1895년 이른 가을, 아인슈타인은 취리히 연방 공과대학교의 입학시험을 보았다. 하지만 결과는 참담했다. 그때 대학교 직원 하나가 그를 불렀다.

　"아, 이것 봐요. 혹시 알베르트 학생 아닌가요?"

　"예, 맞는데요."

　잠시 후 아인슈타인은 학장과 면담을 나누게 되었다.

　"자네가 알베르트 아인슈타인인가? 수학 담당 교수가 자네 시험 답안지를 보고 몹시 놀랐다고 하더군. 그래서 말이네만, 다른 과목은 성적이 나쁘지만 수학 성적이 너무 우수해서 불합격시키기가 너무 아깝

네. 어떤가, 1년 동안 김나지움에서 더 공부하고 오면 내년에는 자네를 무시험으로 받아주고 싶다네."

"예, 그렇게 하겠습니다."

아인슈타인은 1년간 재수를 하고 다음 해에 입학해, 그의 위대한 학문적 업적을 쌓기 시작했다. 그리고 1900년, 아인슈타인은 취리히 연방 공과대학교를 졸업하고 스위스 시민권을 취득하였다

1902년 스위스 특허 사무소에 취직한 아인슈타인은 이후 3년 동안 자신의 아파트에서 공간과 시간의 관계에 대한 혁명적인 생각을 구상하였다.

1905년 아인슈타인은 질량과 에너지는 같다는 사실을 확신하였으며, 질량을 에너지로 전환시키는 방정식, 즉 에너지는 질량에 빛 속도의 제곱을 곱한 것과 같다는 공식 '$E=mc^2$'을 발표하였다. 원자 폭탄의 가능성을 제시한 이 방정식은, 1932년 영국의 물리학자 제임스 채드윅(James Chadwick : 1891~1974)에 의해 전기적 성격을 지니지 않은 중성자 발견으로 현실에 적용되었다. 그리고 마침내 1939년, 독일의 오토 한과 프리츠 슈트라스만(Fritz Strassmann : 1902~1980)은 중성자를 이용한 우라늄의 핵분열 현상을 발견해 원자 폭탄의 기초를 만들게 되었다.

또한 아인슈타인은 1905년, 독일의 학술지인 『물리학 연보』에 그동안 연구한 광양자설, 브라운 운동, 특수 상대성 이론에 관해 발표하였다. 하지만 당시 아인슈타인은 박사 학위를 취득하지 못한 상태였기 때문에, 그의 논문 또한 인정받지 못했다. 그러나 옛 스승이었던 헤르만 민코프스키(Hermann Minkowski : 1864~1909)만은 그의 논문을 인정하였다.

독일의 수학자였던 민코프스키는 '4차원'이라는 개념으로 특수 상대

성 이론을 설명하였다. 1907년 민코프스키는 시간과 공간의 4차원적 성격으로 아인슈타인의 논문을 해석하고, 1908년 독일의 쾰른에서 '공간과 시간'이라는 유명한 강의를 했다. 이에 따르면 공간은 길이 · 넓이 · 두께에 시간이라는 4차원을 가지게 된 것이며, 공간과 운동은 절대적인 것이 아니라 서로에 대해 상대적으로 존재하는 것이다.

1916년 아인슈타인은 『물리학 연보』에 일반 상대성 이론을 발표하였다. 비교적 짧은 논문이었지만 그가 10년에 걸쳐 이룩한 강렬하고 통찰력 있는 사고의 산물이었다. 이 이론은 특수 상대성 이론에 중력 이론을 포함하여 확대한 이론이었으며, 이 이론에서 아인슈타인은 빛은 강한 중력장 속에서 구부러진다고 주장하였다.

1933년 아인슈타인은 히틀러(Adolf Hitler : 1889~1945)와 나치의 유대인 박해를 피해 미국으로 망명하였다. 그러나 그는 히틀러의 원자 폭탄 개발 소식을 접하게 되었고, 곧바로 루스벨트 대통령에게 편지를 보내 미국이 먼저 원자 폭탄을 개발해야 한다고 조언하였다. 하지만 아인슈타인은 원자 폭탄 개발에 직접 참여하지는 않았으며, 제2차 세계 대전이 끝난 후에는 핵무기의 해체를 주장하였다. 애석하게도 그의 의견은 받아들여지지 않았으며, 아인슈타인은 스스로를 이렇게 위로할 수밖에 없었다.

원자력이 오랫동안 큰 혜택을 줄 것이라는 예감이 들지 않는다. 오히려 그것은 인류에게 큰 위협이 되고 있다.
어쩌면 그것이 다행인지도 모르겠다. 핵에너지로 전쟁이 인류에게 미치는 위협은 더 커졌지만, 그 공포감 때문에 쉽게 전쟁은 일어나지 않을 것이기 때문이다.

이후 그는 자연계에 존재하는 힘들을 하나의 형식으로 통일하려는 통일장 이론을 정립하는 데 여생을 바쳤다. 아인슈타인은 충분히 노력하면 자연계의 질서를 확실하게 찾아낼 수 있다고 생각하였다. 또한 우주를 무한한 것이 아닌 한계가 있는 영역이라고 생각하였으나, 현재에는 빅뱅 이론 등으로 인해 받아들여지지 않고 있다.

또한 그는 20세기 과학의 또 다른 성과인 '양자 이론'에 대해서는 많은 거부감을 보였다. 양자 역학을 주장하는 과학자들이 물리 현상을 확률적 개념으로 설명하려 하자, 아인슈타인은 오히려 "신은 주사위 놀이를 하지 않는다."는 말로 확률적 해석을 강하게 반대하였다.

그러나 1955년 4월 18일 삶을 마감할 때까지 아인슈타인은 통일장 이론 정립을 성취하지는 못했으며, 죽기 일주일 전 다음과 같은 말을 남기고 세상을 떠났다.

우리가 선택만 한다면 행복과 지식의 끊임없는 발전이 이루어질 수 있을 것입니다.

우리는 싸움을 잊을 수 없기 때문에 죽음을 택해야 할까요.

인간 대 인간으로 호소합니다.

당신이 인간이라는 것만 기억하고 나머지는 다 잊어버리십시오.

1836년 3월 14일

영국 요리책 저술가 비턴 태어나다

비턴(Isabella Beeton : 1836~1865)은 1836년 3월 14일 영국 런던에서

태어나 하이델베르크 대학교에서 공부하였다.

비턴은 1856년에 출판사를 운영하는 남편과 결혼하였으며, 이후『가정 관리』라는 책을 발표하여 유명해졌다. 그녀는 요리책에 스프를 만드는 100가지 조리법, 200종류의 소스, 128종의 생선에 관해 기록했으며 에티켓, 가정 관리, 하인 고용 등에 관한 의견을 덧붙였다.

특히 유명한 것으로는 비턴의 홍차 만드는 법이다. 영국의 상징처럼 자리 잡은 홍차는 비턴에 의해 만드는 법이 체계화되었으며, 오늘날까지 그대로 지켜지고 있다.

1681년 3월 14일

독일 작곡가 게오르크 텔레만 태어나다

게오르크 텔레만(Georg Telemann : 1681~1767)은 1681년 3월 14일 독일 마그데부르크에서 태어난 작곡가이다.

비교적 부유한 집안에서 성장했던 그는 1701년 라이프치히 대학교에 입학해 법학을 전공하였다. 그러나 이듬해인 1702년 그는 라이프치히 오페라 극장의 음악 감독이 되었으며, 그의 음악적 재능은 점점 더 세상의 인정을 받기 시작했다.

활동하던 당시에는 오히려 바흐보다도 유명한 음악가였던 텔레만은 2개의 오라토리오와 6개의 칸타타 등 약 800여 개의 작품을 남겼으며, 현재에는 소실되었지만 목록으로 살핀 그의 작품은 약 3,000여 개였을 것으로 추정된다. 대표적인 작품으로는『핌피노네』『타펠 무지크』등이 있으며, 1767년 6월 25일 사망하였다.

1804년 3월 14일

왈츠의 아버지 요한 슈트라우스 1세 태어나다

'왈츠의 아버지'로 불리는 요한 슈트라우스 1세(Johann Strauss I : 1804~ 1849)는 1804년 3월 14일 오스트리아의 빈에서 태어났다.

슈트라우스 1세는 1826년 악단을 조직하여 오스트리아·파리·베를린 등 유럽 여러 곳에서 연주 활동을 하였다. 음악가로서 그의 이름은 이때부터 널리 알려졌으며, 빈 왈츠 또한 전 유럽에 전파되는 계기가 되었다.

요한 슈트라우스 1세는 1849년 9월 25일 세상을 떠났으며, 그의 아들 요한 슈트라우스 2세(Johann Strauss II : 1825~1899)도 아버지의 뒤를 이어 많은 연주 활동과 작곡을 펼쳐 '왈츠의 왕'이라고 불렸다.

3월 15일

1917년 3월 15일

러시아 3월 혁명으로 니콜라이 2세 퇴위

나는 황제가 되려고 생각해본 일도 없으며, 황제가 될 마음의 준비도 되어 있지 않다. 정치에 대해 아는 것도 하나 없는데, 나와 러시아는 어떻게 될 것인가.

-니콜라이 2세

1894년, 급작스럽게 황위를 계승하게 된 니콜라이 2세(Nikolai Ⅱ : 1868~1918)는 눈앞에 닥친 일에 어쩔 줄 모르고 있었다.

러시아 국민들은 새로운 황제에게 사회 개혁을 기대했다. 그러나 기대와 달리 니콜라이 2세는 거대한 러시아를 이끌어 가기에는 지나치게 평범한 인물이었다. 그는 한 가정의 가장이며 귀족으로서 갖추어야 할 품위만 지녔을 뿐이었다. 뿐만 아니라 황제는 황후로 맞이한 헤센의 공녀 알렉산드라에게 압도되었는데, 이는 이후 정치 기강이 바닥부터 흔들리는 결정적인 원인으로 작용했다.

니콜라이 2세의 아버지 알렉산드르 3세(Aleksandr Ⅲ : 1845~1894)는 1881년 재위에 올라 강력한 전제 정치를 펼쳤다. 알렉산드르 3세는 즉위식에서 "어떤 침략에도 굴복하지 않을 것이며, 전제 왕권을 강화하고 수호할 것이다."라고 선언하였다.

이에 곧바로 테러 단체로부터 경고장이 날아왔다. 황제는 굴복하지 않고 강력한 전제 정치를 펼쳤다. 그의 반동 정치는 황제의 가정교사이자 모스크바 대학교의 민법 교수를 지낸 콘스탄틴 페트로비치 포베도노스체프(Konstantin Petrovich Pobedonostsev : 1827~1907)에게 자문받은 것이었다. 포베도노스체프는 종교회의 의장이 되어 오직 러시아의 정교와 황제에 의한 전제 정치만이 러시아를 구하는 길이라고 설득하였다.

그 후 러시아 내 혁명 분자들의 활동이 금지된 것은 물론이고, 온건한 자유주의자들도 감시와 투옥을 당했으며 고문받았다. 1889년에는 각 지역에 관리관을 파견해 행정권뿐만 아니라 사법권까지 좌지우지하였으며, 지방 의회에도 귀족층을 늘려 황제의 통제를 강화하였다.

이에 폴란드인들과 유대인들은 반란을 일으켰고 노동자들은 파업하였다. 테러리스트들은 황제 암살을 시도했으나 실패하였고 처형되었다. 그중에는 알렉산더 우리아노프라는 대학생이 있었는데, 그는 러시아 혁명을 이끈 레닌의 형이었다.

보수적인 알렉산드르 3세 시대에도 러시아의 산업은 꾸준히 발달하고 있었다. 러시아의 수출량은 증가세였고, 철도와 전산망도 갖춰졌다. 그러나 러시아의 서구화와 함께 생긴 새로운 노동자 계급의 생활은 영국의 산업 혁명 초기같이 매우 피폐하였다. 바닥부터 조금씩 러시아 혁명의 싹이 생겨난 시기였던 것이다. 또한 러시아에도 마르크스 사회주의가 유입되기 시작하였으며 1898년에는 사회 민주 노동당(사민당)이 결성되었다.

반역사적인 정책을 펼쳤던 알렉산드르 3세 황제는 1894년, 49세에 신장 장애로 사망하였다. 알렉산드르 3세의 뒤를 이은 니콜라이 2세는 아버지의 정책을 그대로 이어받아 19세기 말의 유럽과 러시아의 변화를 알아차리지 못하고 반개혁적인 정책을 내놓았다.

그러자 알렉산드르 3세 재위 당시 억압받았던 입헌 민주당 · 사회 혁명당 등의 세력이 니콜라이 2세에게 개혁을 요구하기 시작했다. 특히 이들 가운데 사민당은 1903년의 브뤼셀 대회 이후 플레하노프를 중심으로 한 온건파 멘셰비키와 레닌을 중심으로 한 급진파 볼셰비키로 나누어졌다.

1904년의 일이었다. 러일 전쟁에서 러시아가 패하자, 러시아에는 대대적인 혼란이 발생하였으며 전국에서 시위가 일어났다. 1905년 상트페테르부르크에서 러시아 군인들이 시위 군중에게 발포하여 수백 명이 죽은 '피의 일요일' 사건이 발생했다. 노동자들은 흥분하여 러시아 전역에서 파업을 했고, 노동자들의 회의체인 소비에트가 이를 지휘하였다.

니콜라이 2세는 '10월 선언'을 발표하고 '두마'라는 국회의 창설과 자유 보장을 약속하였다(1905년 러시아 혁명). 그러나 얼마 지나지 않아 황제는 다시 스톨리핀을 수상으로 임명하고는 반동적인 정책을 계속해 나갔다.

1914년, 제1차 세계 대전이 발발하였고 러시아도 뛰어들었다. 러시아와 같은 전제 국가에서 전쟁이 발발할 경우, 황제의 능력은 결정적인 역할을 했다. 그러나 니콜라이 2세는 전쟁에 능수능란한 왕이 아니었으며, 군사들을 제대로 이끌지도 못했다. 독일, 오스트리아와 대치하는 러시아 병사들은 소총도 없이 전선에 배치되었고 식량도 부족하였다.

러시아의 문제는 대외 관계뿐만이 아니었다. 1915년부터 러시아의 실권은 알렉산드라 황후가 쥐고 있었다. 그런데 아들 알렉세이가 조그만 상처에도 피가 나오면 멎지 않는 혈우병으로 황후가 애태우고 있을 때 요승 라스푸틴(Grigori Efimovich Rasputin : 1872~1916)이 황후의 앞에 나타났다.

"저를 믿으십시오, 황태자의 병은 나을 것입니다."

라스푸틴이 주문을 외우고 있으면 황태자의 병이 낫는 것 같았다. 황후는 라스푸틴을 경배하였고 그에게 정치적으로도 의지하기 시작했다. 니콜라이 2세가 전투를 지휘하고 있을 때에도 황후는 라스푸틴의 영향을 받아 장관이나 장군을 마음대로 해임하였다.

결국 러시아는 타넨베르크와 마수리아 호수에서 벌어진 전투로 25만 명의 병사를 잃었으며 1915년 5월과 9월 사이에 120만 명의 군사들이 생명을 잃었다.

전투에서의 패배는 러시아 국민들에게 치욕으로 다가왔고 전쟁 중에 물가가 치솟아 생활이 불가능해졌다. 도시에서 폭동이 일어날 수밖에 없는 상황이 된 것이다. 러시아는 전쟁으로 위기에 봉착하였고, 전국적인 시위는 멈출 줄을 몰랐다.

니콜라이 2세는 노동자들에게 일터로 돌아가라고 명령했지만 이미 돌이킬 수 없는 수준에 다다랐다. 시민들은 거리로 나왔으며 경찰들과 파업자들은 서로 시가전을 벌였다. 마침내 시위를 진압하러 나간 병사들까지 시위에 가담하게 되자, 혁명은 걷잡을 수 없이 확대되었다.

결국 1917년 3월 15일 니콜라이 2세는 퇴위를 선언하였고, 제정 러시아는 붕괴하였다. 바로 1917년의 '3월 혁명'이었다. 이로써 전제 군주의 권력은 임시 정부와 소비에트로 이양되었으며, 러시아에는 세계 최초의 사회주의 국가 소비에트 사회주의 공화국 연방이 성립하게 되었다.

그리고 퇴위를 선언한 황제는 다음 날 일기장에 이렇게 썼다.

푹 잘 쉬었다.

따사로운 햇살이 비치고 서리가 눈부시게 하얗다.

카이사르의 책을 읽었다.

2003년 3월 15일

후진타오, 중국 제6대 주석으로 선출되다

중화 인민 공화국의 부주석이자 중국 공산당 총서기였던 후진타오(胡錦濤 : 1942~)가 2003년 3월 15일 중국 인민 대표 회의에서 제6대 주석으로 선출되었다.

후진타오는 1942년 12월 21일 중국 장쑤 성에서 태어나, 칭화 대학교에 재학 중이던 1965년 중국 공산당에 입당하였다. 이후 수력 발전소의 노동자에서 시작하여 건설 위원회의 비서, 공산당 간부 교육 등을 거친 다음 1983년 중앙 정치에 첫걸음을 내딛었다.

1989년 2월 3일, 티베트의 판첸 라마가 갑작스럽게 사망하는 사건이 일어났다. 판첸 라마의 급사는 반중국 분위기를 고조시켰고, 결국 다음 달인 3월 5일 티베트에서는 대대적인 반중국 시위가 벌어졌다.

당시 티베트의 서기였던 후진타오는 3월 7일 라싸에 계엄령을 선포하고 강력히 진압하였다. 티베트 유혈 진압에 성공한 후진타오는 그 공을 인정받아, 이듬해인 1990년 티베트 군구의 제1 서기 겸임이 되었다. 이것으로 후진타오는 중앙 정부의 신임을 얻게 되었을 뿐만 아니라, 덩샤오핑의 전폭적인 지원을 받게 되었다.

1993년 중국의 중앙 정치국 상무위원 겸 중앙 서기처 상무 서기 겸 중앙당교의 교장이 된 후진타오는 중국의 차세대 정치인으로 굳건히 자리를 다지게 되었고, 1998년 중국의 국가 부주석이 되었다. 그리고 2003년 3월 15일, 중국의 제6대 주석이 됨으로써 중화 인민 공화국의 현존하는 최고 권력자로 자리매김하게 되었다.

——

1939년 3월 15일

독일, 체코슬로바키아 점령

——

1938년 3월 12일, 히틀러는 오스트리아를 침공해 합병하였다. 그러나 히틀러와 나치는 이에 그치지 않고 체코슬로바키아 합병의 야욕을 드러냈다.

이에 영국과 프랑스는 전쟁 발발을 저지하고자 같은 해 9월 29일 독일 뮌헨에서 회의를 개최하였다. 이 회의에서는 체코슬로바키아의 슈데텐 지방을 독일에게 양도하기로 결정되었으며, 그 대신 독일은 체코슬로바키아를 침공하지 않기로 약속하였다.

그러나 이듬해인 1939년 3월 15일, 히틀러는 뮌헨 회의의 조약을 깨고 체코슬로바키아를 침공해 보호국으로 만들었다. 히틀러에게 충격받은 영국과 프랑스는 독일이 폴란드까지 침공할 경우 적극적으로 맞서겠다는 의사를 표명하였다.

하지만 히틀러는 이를 무시하고 같은 해 9월 1일 폴란드로 침공하여, 결국 제2차 세계 대전이 발발하고 말았다.

* 1939년 9월 1일 '독일, 폴란드 침공으로 제2차 세계 대전 발발' 참조

1898년 3월 15일

영국 야금가 헨리 베서머 사망하다

헨리 베서머(Henry Bessemer : 1813~1898)는 1813년 1월 19일 영국에서 태어난 발명가이자 공학자이다. 그는 활자 주조업자의 아들로 태어나 아버지의 일을 이어 받았으며, 활자를 포함한 120여 건의 특허들을 취득했다.

그의 발명품 중에는 포탄도 있었는데, 애석하게도 베서머의 포탄을 발사할 만한 포신이 존재하지 않았다. 이에 베서머는 직접 강철 제작에 나섰으며, 1856년에 '베서머법'이라 불리는 제강법을 개발하였다. 이것은 용광로 밑바닥에서 바람을 불어넣는 방식으로, 오늘날의 산소 제강

법과 비슷하다.

베서머법은 강철을 저렴한 비용으로 대량 생산할 수 있도록 만들었으며, 영국을 비롯한 여러 나라들은 철로의 자재를 철에서 강철로 바꿀 수 있게 되었다.

1879년 기사 작위를 받은 헨리 베서머는 이 외에도 왕립학회 회원이 되는 등의 명예를 누리다가 1898년 3월 15일 런던에서 사망하였다.

—

1951년 3월 15일

이란, 영국 자본 석유 기업에 대한 국유화 법안 가결

—

1951년, 이란의 팔레비 왕은 국민들에게 전폭적으로 신뢰받고 있는 모하마드 모사데그(Mohammad Mossadegh : 1882~1967)를 총리로 임명하였다. 또한 이란 의회는 모사데그를 석유 위원회의 위원장으로 지명하였다.

이란은 민족 주권 국가로서 어떤 산업도 국유화할 수 있는 권리를 가지며 어떤 국제기관도 이를 조사할 자격이 없다.

1951년 3월 15일, 모사데그는 이와 같이 발표하였다. 그리고 모사데그와 이란 의회는 앵글로-이란 석유 회사(AIOC, 오늘날의 브리튼 석유 회사)의 국유화에 대한 법안을 가결하였다.

이 같은 결정의 배경에는 AIOC의 노동자들의 총파업, 외국의 지원을 주장해 왔던 알리 라즈마라 전 수상이 암살된 데에 있었다. 이후 모사데그는 이란 국영 석유 회사NIOC를 설립하였다.

이란의 석유 국유화는 석유에 대한 중동 최초의 자원 민족주의 실현이라는 데 역사적 의의가 있으며, 이후 중동 국가들의 자원 민족주의 운동이 일어나게 한 계기가 되었다.

1975년 3월 15일

그리스 선박왕 오나시스 사망하다

아리스토틀 오나시스(Aristotle Onassis : 1906~1975)는 1906년 1월 15일 터키에서 태어났다.

그는 1931년 중고 선박을 구입하고 사업을 시작했으며, 1939년에는 그리스 최초의 유조선 사업자가 되었다. 1946년에는 그리스의 유력한 선주의 딸과 결혼하였으며, 오나시스는 이 결혼으로 동종 업계의 매형을 얻게 되었다. 이들은 세계 해운 업계에서 가장 거대한 집안이 되어 영향력을 행세하기 시작했다.

오나시스는 제2차 세계 대전과 6·25 전쟁을 통해 거액을 벌어들였으며, 1954년 사우디아라비아 정부와 석유 수송 독점 계약을 맺어 석유 업계에서도 두각을 나타냈다.

또한 1960년 첫 아내와 이혼을 한 후, 1968년에는 미국 케네디 대통령의 미망인인 재클린 케네디(Jacgueline Kennedy Onassis : 1929~1994)와의 결혼으로 세계의 주목을 받기도 하였다. '그가 보유한 유조선과 화물선은 일국의 해군보다 규모가 크다'라는 평을 들었던 선박왕 오나시스는 5억 달러의 유산을 남기고 1975년 3월 15일 사망하였다.

3월 16일

후쿠자와 유키치, 탈아론脫亞論을 발표하다

아시아를 개화하려면 반드시 무력이 필요하다.

조선의 민심은 믿을 필요가 없고 다만 군대의 힘으로 약속을 지키면 만사형통이다. 조선에 1개 대대 규모의 일본 호위병을 주둔시키되, 의식주 모두 조선 정부가 책임지도록 해야 한다.

지금의 중국과 조선은 우리 일본에 전혀 도움이 되지 않으며, 서양 문명인의 눈으로 본다면 세 나라의 영토가 서로 가까이 있기 때문에 중국과 조선을 보는 시선으로 우리 일본을 평가할 가능성이 매우 높다.

그러므로 우리 일본은 이웃 나라의 개화를 기다려 함께 아시아를 번영시킬 여유가 없다. 오히려 서양의 문명국과 걸음을 같이해야 한다. 중국과 조선이 이웃 나라이기 때문에 특별히 봐줄 것이 아니라, 바로 서양인이 이들과 접촉하는 방식에 따라 처리해야 할 것이다.

나쁜 친구와 친하게 되면 악명을 면하기 어렵다. 우리는 진심으로 아시아 동방의 나쁜 친구를 거절해야 할 것이다.

-후쿠자와 유키치, 「탈아론」

　　후쿠자와 유키치(福澤諭吉 : 1835~1901)는 1835년 1월 10일 일본 부젠에서 태어났다. 그는 일본의 계몽사상가였으며, 탈아론을 주장해 조선 침략의 초석을 깔았던 인물이다. 또 일본의 메이지 유신을 앞장서서 이끌어, 1868년의 메이지 유신 발생 당시 무사들이 허리에 차는 패도佩刀를 벗어 버리고 가장 먼저 평민의 길에 들어선 사람이었다.

　　후쿠자와 유키치는 19살 때 나가사키에서 네덜란드어를 배웠으며, 1858년에는 게이오 대학교의 시초가 된 란가쿠주쿠蘭學塾를 세웠다. 1860년에는 막부의 미국 방문 사절단 수행원으로 미국, 영국, 프랑스, 독일, 네덜란드, 러시아, 포르투갈 등을 다녀왔다. 이후『서양 사정』이라는 책을 집필해 일본에 서구 문명을 소개했다.

　　메이지 유신의 주도층은 정권을 잡자마자 적극적으로 개항하여 서구 문물을 받아들였고, 이에 따라 후쿠자와 유키치는『학문의 권유』(1872),『문명론의 개략』(1875)을 저술하였다. 그리고 1885년 3월 16일, 그의 사상적 핵심인「탈아론」을 발표하였다.

　　탈아론은 '일본이 미개한 아시아에서 벗어나 서구 문명 세계로 들어가기 위해서는 중국과 조선을 식민지화해야 한다'라는 제국주의 이론이다. 탈아론의 싹은 1875년 나온『문명론의 개략』에서 처음 나타났으며, 1885년 후쿠자와가 창간한『지지신보』의 사설 등을 통해 본격적으로 주장되기 시작했다.

　　후쿠자와 유키치가 처음부터 아시아 침략론을 주장했던 것은 아니었다. 일본에서 가장 먼저 미국과 유럽을 시찰한 개화파인 그는 민권 사상가로 출발하였다.

　　그는 저서『학문의 권유』에서 '하늘은 사람 위에 사람을 만들지 않고, 사람 아래 사람을 만들지 않았다'고 주장하였다. 탈아론 이전의 그의 사상은 '아시아를 떠나 서구로 들어가자'는 탈아 입구론脫亞 入歐論보다는 '아시아여, 힘을 합치자'는 동양 연대론 쪽에 가까웠다.

하지만 그가 생각해낸 생존의 논리는 부국강병, 약육강식일 뿐이었고, 그의 사상은 일본을 제국주의로 몰아넣어 조선과 중국을 침략하는 정신적 기반이 되었다.

후쿠자와 유키치는 일본 제국주의 정부보다 먼저 청일 전쟁을 주장했고, 조선 정략론을 주장해 조선 총독부의 전신인 조선 국무 감독관을 제안하기도 했다.

후쿠자와 유키치는 1901년 2월 3일 도쿄에서 사망하였다. 그러나 그가 조선과 중국 그리고 일본에 끼쳤던 해악에도 불구하고, 오늘날 일본 최고액 지폐인 1만 엔 권에는 그의 얼굴이 찍혀 있기 때문에, 일본에서 "유키치"라는 말은 곧 1만 엔 권을 상징하기도 한다.

뿐만 아니라 일제 강점기의 소설가였던 이광수는 후쿠자와 유키치를 일컬어 "일본에 복을 주기 위해 하늘이 내린 위인"이라고 평한 바 있다. 이 외에도 많은 조선의 지식인들이 그의 추종자가 되었으며, 현재까지 해결되지 못한 일제 강점기 치욕의 역사가 이들로 인해 가려져 있다는 비난을 면치 못하고 있다.

—

1926년 3월 16일

미국 물리학자 고더드, 세계 최초의 액체 연료 로켓 발사

—

로버트 허친스 고더드(Robert Hutchings Goddard : 1882~1945)는 1882

년 10월 5일 미국에서 태어난 물리학자이자 로켓 기술자이다.

고더드는 1906년 무렵부터 로켓 실험을 시작하였는데, 맨 처음에는 고체 연료를 사용한 실험을 하였다. 그리고 1919년에는 스미스소니언 연구소의 지원을 받아 『초고공에 도달하는 방법』을 발표하였다.

1926년 3월 16일, 고더드는 마침내 세계 최초의 액체 연료 로켓을 발사하여 지상 5.6km까지 올려 보냈다. 우주를 향한 인류의 꿈에 한발 더 다가선 순간이었다.

이후에도 그의 실험은 계속되어 1940년에도 로켓을 발사하였지만 발사 직후에 추락하고 말았다. 이후 고더드는 제2차 세계 대전 당시 미국 해군에서 미사일 연구를 하였으며, 전쟁이 거의 끝나 가던 1945년 8월 10일 사망하였다.

1999년 3월 16일

미국, 다우존스 주가 지수 1만 돌파

1999년 3월 16일, 다우존스 주가는 미국 경제 호황과 더불어 치솟아 사상 처음으로 1만 포인트를 돌파했다. 뉴욕 증권 거래소의 관계자들은 전광판이 다우 지수 1만선 돌파를 알리자 일제히 환호성을 올리며 주가 지수 1만 시대를 환영했다.

뉴욕 증시는 다우-존스 사가 매일 발표하는 다우존스 평균 주가를 사용한다. 이것은 공업주, 철도주, 공공주의 평균 주가와 이를 합한 65종의 종합 평균 주가 지수를 말한다.

세계 최대의 자본주의 국가 미국을 대표하는 뉴욕 주식 시장의 평균 주가는 세계에서 가장 중요한 증시이기 때문에, 다우존스 주가는 세계 증시의 대표 지수 역할을 하고 있다.

1802년 3월 16일

미국 웨스트포인트 사관 학교 설립

미국의 웨스트포인트 사관 학교는 1802년 3월 16일에 설립되었다. 정식 이름은 '미국 육군 사관 학교United States Military Academy'로, '웨스트포인트'라는 이름은 미국 독립 전쟁 당시 허드슨 강을 방어하는 서쪽 방어 요지라는 이름에서 나온 것이다.

웨스트포인트 사관 학교는 미국의 육·해·공 3군의 사관 학교 중 가장 오랜 역사를 자랑하며, 그랜트(Ulysses Simpson Grant : 1822~1885), 로버트 리(Robert Lee : 1807~1870), 맥아더(Douglas MacArthur : 1880~1964), 조지 패턴(George Patton : 1885~1945), 아이젠하워(Dwight David Eisenhower : 1890~1969) 등 걸출한 인물들을 배출해내 더욱 유명해졌다.

1937년 3월 16일

영국 정치가 체임벌린 사망하다

영국의 정치인 조지프 오스틴 체임벌린(Joseph Austen Chamberlain : 1863~1937)은 1836년 7월 8일에 태어났다.

그는 1892년 보수당에 들어가 재무 장관, 인도 담당 국무 장관 등을 두루 거쳤고, 1924~1929년 사이에는 볼드윈 내각에서 외무 장관을 지냈다.

체임벌린은 1925년 독일의 국경 문제를 확정한 로카르노 조약을 성립시켰으며, 이 공로로 같은 해 노벨 평화상을 수상하였다. 로카르노 조약은 1925년 10월 26일 영국 · 독일 · 프랑스 · 벨기에 · 이탈리아가 스위스의 로카르노에서 협약하여, 12월 1일에 런던에서 조인한 조약이다. 중부 유럽의 안전 보장을 위해 체결한 이 조약은 각국 간 국경의 현상 유지 및 국가 간 상호 불가침, 분쟁 시 평화적 해결 등이 주된 내용을 이루고 있다.

1906년 체임벌린은 고향 버밍엄의 선거에서 선거를 치르고 대대적인 승리를 거두었으나, 이듬해인 1937년 3월 16일 사망하였다.

—

1978년 3월 16일

이탈리아 전 수상 알도 모로, 붉은 여단에 납치

—

1967년 이탈리아 토렌토 대학교에서 '붉은 여단'이라는 좌파 사상 단체 하나가 생겨났다. 이들은 3년 뒤 공장 등에 폭탄 테러를 가해 붉은 여단의 존재를 드러냈다.

1978년 3월 16일, 붉은 여단은 알도 모로(Aldo Moro : 1916~1978) 전 수상을 납치하였다. 이들은 모로를 붙들어 수감된 좌파 정치범과 교환할 것을 흥정했으나 결국 실패하였고, 같은 해 5월 9일 모로를 살해하였다.

1789년 3월 16일

독일 물리학자 게오르크 옴 태어나다

게오르크 지몬 옴(Georg Simon Ohm : 1789~1854)은 1789년 3월 16일 독일 바이에른 주의 에를랑겐에서 대장장이의 아들로 태어났다.

어린 시절부터 수학과 물리학에 탁월한 재능을 보였던 옴은 1805년 에를랑겐 대학교에 입학하여 수학과 과학, 물리학을 공부하였다.

그러나 대장장이인 아버지는 그의 뒷바라지를 해주기 힘들었고, 결국 옴은 이듬해에 사립 학교의 선생으로 취직해 교편을 잡았다. 그는 학교에서 선생으로 있으면서 전류에 관한 실험을 하였다.

옴은 다시 대학으로 돌아가 남은 학업을 마쳤으며, 1817년부터는 쾰른의 예수이트 대학교에 교수로 재직하였다. 1826년 그는 '옴의 법칙'을 증명하였고, 다음 해인 1827년에는 이를 정리한 『갈바니 회로』를 집필하였다. 옴의 법칙은 금속성 회로 등에 성립하는 것으로, 전류는 전압에 정비례하고, 저항에 반비례한다는 물리 법칙이다. 전기 저항 단위인 '옴Ω'은 그의 이름에서 나온 것이다.

옴이 자신의 법칙을 인정받게 된 것은 오랜 시간이 지난 후였다. 옴은 1841년 영국 왕립학회에서 코플리 메달을 수상하게 되었으며, 1854년 7월 6일 독일의 뮌헨에서 사망하였다.

3월 17일

180년 3월 17일

로마 황제이자 철학자였던 아우렐리우스 사망하다

갖고 있지 않은 것을 갖고 있는 듯이 생각하지 마라. 오히려 갖고 있는 것 중에서 제일 좋은 것을 살펴보고, 이것마저도 갖지 못했다면 얼마나 갖고 싶어 했을까 생각해 보라.

너무 기쁜 나머지 습관적으로 가진 것을 과대평가하지 말고, 가진 것을 잃어도 괴로워하는 일이 없도록 조심하라.

-아우렐리우스, 『명상록』

로마 제국의 황제이면서 스토아 철학자였던 마르쿠스 아우렐리우스 안토니우스(Marcus Aurelius Antonius : 121~180)는 121년 4월 26일 로마에서 태어났다.

로마 제국은 아우구스투스 대제 사망(A.D. 14) 후 칼리굴라, 네로 등 4명의 무능한 황제가 연이어 통치하였다. 그러나 곧 '5현제 시대'를 맞이하며 팍스 로마나Pax Romana 시대가 열렸다.

마르쿠스 아우렐리우스는 네르바, 트라야누스, 하드리아누스, 피우스를 이은 팍스 로마나의 마지막 황제이다. 5현제 시대의 로마 제국은 그리스 문화를 로마와 속주로 폭넓게 확대시켰고, 정치와 경제가 안정되었으며, 제국의 영토 또한 가장 넓었던 기간이었다.

아우렐리우스가 9살 때 세상을 떠난 그의 아버지는 집정관이었으며, 그의 고모는 피우스 황제와 결혼한 로마의 황후였다. 또한 아우렐리우스는 피우스 황제의 딸, 즉 자신의 사촌 누이와의 결혼을 통해, 어린 시절부터 확고한 로마 제국의 황위 계승자로 성장하였다. 그리고 161년, 마르쿠스 아우렐리우스는 마침내 로마 황제가 되었다.

당시의 로마 제국은 이미 전성기를 지나 쇠퇴의 길로 들어서고 있었다. 제국의 변방에는 이민족의 침입이 빈번했다. 특히 오늘날의 헝가리 지역에 속하는 다뉴브 강 근처에서는 마르코만니족과 쿠아디족이 로마로 자주 침범해 와 골칫거리였다. 때로는 황제가 이들을 정벌하기 위해 직접 나서야 할 정도였다. 아우렐리우스 역시 이곳에서 사망하였다.

마르쿠스 아우렐리우스의 『명상록』은 그가 황제로서 공무를 집행하거나 전쟁에 참가했을 때 틈틈이 저술한 것이었다. 그는 황제의 임무에서 도피하기보다는 정신적인 휴식을 취하려고 하였으며, 평생 동안 자연의 원리에 따라 운명에 순종하는 자세로 살았다.

우주 만물은 항상 신의 섭리에 따라 움직인다. 우연히 발생하는 일도 자연의 원리에 따라 이미 예정되어 있었던 것이며, 모든 것은 신의 섭리에 의해 다스려지는 것이다. 만물은 그 섭리에서 흘러나오고 우주 전체의 이익도 신의 섭리에 의한 것이다. 당신도 이 우주의 일부분이다.

『명상록』에 나오는 이 구절은 아우렐리우스의 철학관을 고스란히 드러내고 있다. 『명상록』은 스토아학파의 정신을 따르고 있으며, 이 때문에 아우렐리우스는 후기 스토아학파에 속하는 철학자라고 평가받는다.

알렉산더 대왕 이후 헬레니즘 시대에 유행했던 스토아학파는 제논(Zenon ho Elea : B.C. 495?~B.C. 430?)으로부터 출발하였다. 또한 스토아학파의 철학자들은 대체로 중앙 권력과 멀리 떨어진 지방 혹은 이국 출신이 많았다. 스토아학파는 통나무 속에 드러누워 알렉산더 대왕에게 "그림자가 햇빛을 가리니 비켜 달라."고 말했던 견유파 철학자 디오게네스와도 연결되며, 개인의 행복을 추구한다는 점에서는 에피쿠로스학파와도 관련이 있다.

스토아학파에 있어 인생의 유일한 목적은 욕심에서 벗어나는 것이었다. 스토아 철학자들은 '인간이란 자연의 법칙에 따라 살아야 하는 존재'라고 주장하였으며, 현실에 적극적으로 참여하지 않고 소극적인 태도를 취했다. 만약 강도가 스토아 철학자의 옷을 빼앗아 갔다면, 철학자들은 이렇게 말할지도 모른다.

"어차피 옷은 빼앗겨 버린 것이고, 강도를 쫓아가 보았자 내 걸음으로는 잡을 수도 없다. 그래도 속옷은 남지 않았는가?"

스토아학파가 추구하는 것은 정신적인 평화였다. 따라서 이들은 정신적 평화를 방해하는 모든 것에서 해방하고자 노력하였으며, 운명에 기대어 마음의 평정과 행복을 얻으려고 하였다.

스토아학파는 세월의 흐름에 따라 점차 수정을 거치면서 자기 훈련 · 관용 · 사랑으로 이어져, 근대 서양 사상의 평등주의 · 박애주의 · 평화주의에 영향을 주었다. 그리고 이성 · 자유 등의 관념은 로마의 법사상에 영향을 끼쳤다.

아우렐리우스 황제는 생애의 대부분을 전쟁터에서 보내거나 타락된 도덕을 회복시키기 위해 노력하였다. 그리고 그를 이끈 것은 바로 스토아 철학이었다. 180년 3월 17일 세상을 떠난 마르쿠스 아우렐리우스는 『명상록』에 다음과 같은 글귀로 그의 생애를 관통했던 철학을 이야기하였다.

철학자 데모크리토스는 "마음의 평정을 얻고 싶다면 많은 일을 하지 마라."고 말하였다.

하지만 이 말이 더 좋지는 않을까?

"필요한 일만 하라. 사회적 동물로서, 이성이 요구하는 일만을 이성에 따라 행하라."

이렇게 하면 반드시 해야 할 일만 하는 데서 오는 마음의 평정을 얻을 뿐 아니라, 일 또한 훌륭하게 수행할 것이다.

1834년 3월 17일

독일 과학자 다임러 태어나다

'모터사이클motorcycle'은 '모터motor'와 '자전거bicycle'의 합성어이다. 다임러는 그의 조수와 함께 두 개의 큰 바퀴와 두 개의 작은 바퀴를 틀에 붙이고 내연 기관에 연결하였다. 세계 최초의 오토바이는 이렇게 탄생하였다.

내연 기관과 오토바이를 개발한 고트리프 빌헬름 다임러(Gottlieb Wilhelm Daimler : 1834~1900)는 1834년 3월 17일 독일에서 태어났다. 그는 슈투트가르트 공업 학교에서 교육을 받은 후 엔지니어로 일하였으며, 1882년에 자동차 시험 공장을 설립하였다. 그리고 그의 조수와 함께 자신이 만든 내연 기관에 두 개의 큰 바퀴와 두 개의 작은 바퀴로 구성된 틀을 연결해 세계 최초로 오토바이를 만들었다.

내연 기관은 1860년에 프랑스의 에티엔 르누아르(Etienne Lenoir : 1822~1900)가 처음으로 만들었다. 이후 독일의 니콜라우스 아우구스트 오토(Nikolaus August Otto : 1832~1891)가 흡입 · 압축 · 폭발 · 배기의 네 가지 행정 기관을 만들었지만, 이것들은 모두 석탄에서 배출한 가스를 원료로 한 것이었다.

1883년 다임러는 가솔린을 원료로 사용하는 내연 기관을 개발하였다. 다임러의 가솔린 내연 기관은 자동차 공업을 일으키는 주역이 되었다. 그 후 1890년에는 다임러 자동차 회사를 설립하였다. 1899년, 다임러는 메르세데스 자동차를 최초로 생산하였으나 이듬해인 1900년 3월 6일 사망하였다.

그러나 제1차 세계 대전으로 자동차 산업이 큰 타격을 입게 되자 다임러 사는 벤츠 사와 합병하게 되었으며, 1926년 6월부터 '메르세데스 벤츠'라는 이름을 사용하기 시작했다.

1957년 3월 17일

필리핀 대통령 막사이사이 사망하다

미국의 록펠러 재단은 막사이사이를 추모하기 위해 50만 달러의 기금을 희사하였다.

그리고 이 기금으로 구성된 막사이사이 재단은 정부 공무원, 공공 봉사, 사회 지도, 국제 이해 증진, 언론 문화 등 5개 부문에 공헌한 인사를 선정해 해마다 한 번씩 막사이사이상을 수여하고 있다.

라몬 막사이사이(Ramon Magsaysay : 1907~1957)는 1907년 8월 31일 필리핀 루손 섬에서 대장장이의 아들로 태어났다.

그가 34세가 되던 해에 태평양 전쟁이 발발했다. 필리핀으로 침략한 일본 군인들은 그의 고향인 루손 섬을 짓밟았고, 이에 막사이사이는 미국의 기계화 부대에 입대하여 일본군에 맞서 싸웠다. 때로는 필요에 따라 게릴라 작전을 지휘하기도 했다.

1945년 제2차 세계 대전이 끝나고 필리핀도 독립하게 되었다. 그리고 막사이사이는 이듬해인 1946년에 국회의원으로 당선되었다. 이후 그는 국방 장관으로 임명되었으며, 국민당에 입당하였다.

1953년 막사이사이는 필리핀의 대통령으로 당선되었고, 재임 중에는 후크단이라는 공산주의자들을 진압하였다. 그러나 대통령이 된 지 4년 후인 1957년 3월 17일 비행기 사고로 세상을 떠났다.

1853년 3월 17일

오스트리아 물리학자 도플러 사망하다

기차가 서로를 향해 다가갈 때, 반대편 기차의 기적 소리는 크게 들린다. 그러나 서로 멀어지기 시작하면 기적 소리도 점점 낮게 들리게 된다.

'도플러 효과'는 상대 속도를 가진 관측자에게 파동의 주파수가 소리의 근원에서 나온 수치와는 다르게 관측되는 현상을 말한다.

이 현상을 처음 발견한 크리스티안 도플러(Christian Doppler : 1803~1853)는 1803년 11월 29일 오스트리아의 잘츠부르크에서 태어났다.

도플러는 빈 대학교를 비롯한 유럽의 여러 대학교에서 물리학, 기계학, 수학 등을 가르쳤다. 그리고 1842년, 광학 · 음향 현상 등에 대한 도플러 효과를 설명한 『이중성 및 그 밖의 몇 개 항성의 착색광에 관하여』라는 논문을 발표하였다.

이후 도플러 효과는 천체 측정, 뫼스바우어 효과, 레이더 관측 및 항해 등에 지대한 영향을 미쳤으며, 도플러는 1853년 3월 17일 이탈리아의 베네치아에서 사망하였다.

1220년 3월 17일

칭기즈 칸, 사마르칸트 정복하다

'동방 이슬람의 진주'라 불렸던 사마르칸트는 실크 로드의 중심 도시로, 오늘날의 아프가니스탄 동부에 위치한다.

일찍이 사라센 제국의 침입(8세기)으로 이슬람 문화권에 포함된 바 있는 사마르칸트는 1220년 3월 17일, 칭기즈 칸의 침략으로 몽골 제국에 속하게 되었다.

그리고 14세기에 이르러 티무르 제국의 수도가 됨으로써 유례없는 번영을 누리게 되었다. 당시의 사마르칸트는 유럽-중동-중국을 연결하는 실크 로드와 러시아-킵차크 초원-인도를 연결하는 남북 교역의 교차로로서 최전성기를 구가하였다. 또한 오늘날까지 고스란히 남아 있는 실크 로드의 화려한 문화유산은 세계인을 사마르칸트로 불러 모으는 관광 자원으로서 그 힘을 발휘하고 있다.

* 1405년 2월 19일 '티무르 제국의 건설자 티무르 사망' 참조

1969년 3월 17일

이스라엘 최초의 여성 총리 골다 메이어 취임

골다 메이어(Golda Meir : 1898~1978)는 1898년 5월 3일 러시아 키예프에서 태어났다. 1906년 가족과 함께 미국으로 이주하여 교사로 근무

하였으며, 미국 내 시오니즘 운동의 주인공 중 하나로 활약하였다.

1921년, 메이어는 팔레스타인으로 이주하여 이스라엘의 건국 운동을 시작하였으며, 1969년 3월 17일 이스라엘 총리직에 취임하였다.

이후 메이어 총리는 중동 문제를 해결하려 많은 노력을 기울였다. 그러나 1973년에 이집트·시리아와 제4차 중동 전쟁이 발발하고 말았으며, 메이어는 1978년 12월 8일 사망하였다.

2002년 3월 17일

『생의 한가운데』의 저자 루이제 린저 사망하다

루이제 린저(Luise Rinser : 1911~2002)는 1911년 4월 30일 독일의 바이에른 주에서 태어났다. 린저는 독일의 대표적인 여류 작가로서, 다양한 소설과 에세이, 기행문 등을 발표하였다.

유럽은 물론 소련과 미국, 아시아를 여행한 기행문을 남겼다. 그 가운데 북한을 방문하고 저술한 『북한 기행』(1981) 등이 유명하며, 세계적인 작곡가 윤이상과의 대담을 담은 『상처받은 용』(1977) 등 대한민국과 관련된 작품들도 여러 차례 발표하였다.

대표작으로는 『생의 한가운데』『완전한 기쁨』『아벨라르의 사랑』 등이 있으며, 2002년 3월 17일 사망하였다.

2003년 3월 17일

미국, 이라크에 사실상 선전 포고

미국의 43대 대통령 조지 워커 부시(George Walker Bush : 1946~)는 2003년 3월 17일 대국민 연설을 발표했다. 조지 부시 대통령은 연설을 통해 대이라크 전쟁 개시 명령을 내렸다고 하였으며, 이것은 이라크를 무장 해제하고 이라크인들을 해방시키기 위함이라고 밝혔다.

'이라크 자유 작전'이라 명명된 미국의 이라크 침공 작전은 홍해와 지중해, 아라비아 해상의 미군 함정 6척이 이라크를 향해 크루즈 미사일을 발사하는 것으로 시작하였다. 같은 해 4월 19일 미군은 바그다드를 함락시켰으며, 십여 일이 지난 5월 1일 미국의 승리로 전쟁은 마무리되었다.

* 2003년 3월 20일 '미국, 이라크 침공' 참조

3월 18일

2000년 3월 18일

타이완 천수이볜 총통 당선

오늘은 타이완 역사상 가장 장엄한 순간입니다. 이번 선거는 민주주의의 승리이며, 전 세계 중국인들의 자랑거리가 될 것입니다.

-천수이볜

2000년 3월 18일, 타이완 총통으로 당선된 천수이볜(陳水扁 : 1951~)은 당선이 확정된 뒤 소감을 이렇게 밝혔다.

천수이볜은 1951년 10월 12일 타이완의 타이난 현에서 태어났다. 그의 가정은 넉넉하지 못한 농촌 집안이었고, 그는 부모가 이웃집에서 빌려 온 돈으로 학교를 다녀야만 했다.

1969년 그는 국립 타이완 대학교 상경대에 입학하였다. 대학 시절의 천수이볜은 제1기 의회 선거 기간 당시 우연히 후앙신치 후보의 연설을 듣게 되었다. 그는 이때 깊은 감명을 받았으며, 전공을 바꿔 법률을 공부하기로 결심했다. 그리고 법대 3학년 때 고시에 수석으로 합격해, 4학년 때부터 변호사 활동을 시작하였다.

변호사로서 천수이볜은 타이완의 계엄 통치 시절에 잡힌 민주 운동가들을 변호하였으며, 1979년에는 이 경력을 바탕으로 정계에 입문하였다. 그러나 1985년 고향에서 치렀던 선거에서 낙선하였으며, 그 후 인사 차 고향을 방문했다가 부인인 우슈전(吳淑珍 : 1952~)이 갑자기 나타난 차에 치어 하반신이 마비되는 사고를 당했다.

1986년 반체제 잡지를 만든 혐의로 8개월간 투옥되었으며, 1987년에는 민주 진보당(민진당)에 입당했다. 민진당은 1986년에 타이완 독립을 기치로 하는 반체제 인사들이 만든 정당이었다.

1994년, 천수이볜은 국민당 후보를 물리치고 타이베이의 첫 민선 시장으로 당선되었다. 그는 엄정한 행정 정책을 취했으며, 타이베이의 퇴폐 이발소와 매춘을 몰아내었다. 또한 타이베이의 재산으로 등록되어 있는 장제스 전 총통의 토지 반환을 요구하기도 했다.

천수이볜의 개혁적인 행보는 그를 차세대 지도자로 각광받게 만들어, 미국의 시사 주간지인 『타임』이 선정한 '21세기를 이끌어갈 젊은 지도자 100명' 가운데 한 명으로 뽑히기도 하였다.

1999년 7월에는 민진당의 총통 후보직을 수락하였고, 2000년 총통 선거에서 타이완의 독립을 주장하였다. 이는 50년간의 국민당 통치에 종지부를 찍은 사건으로, 타이완 역사의 새로운 시작을 알리는 효시였다.

총통 선거 직전, 중국은 천수이볜의 총통 당선을 막기 위해 '타이완이 독립을 선포하면 본토에서 공격을 가할 것'이라는 의미로 타이완 부근의 바다에 미사일을 발사하였으나, 이것은 오히려 천수이볜의 지지율을 높이는 결과가 되었다.

2000년 3월 18일, 마침내 천수이볜은 타이완의 새 총통으로 당선되었다. 그의 총통 당선은 타이완에 있어 두 가지 큰 변화를 의미했다. 하나는 그동안 타이완의 집권 여당으로 존재했던 국민당이 야당으로 바뀐 것이었고, 또 따른 하나는 국민당이 추진했던 '실무 외교 정책'과 '하나의 중국' 원칙이 바뀔 것이라는 점이었다.

그리고 2000년 5월, 중국은 장쩌민 주석이 회의를 주재하여, 정권이 바뀐 타이완에 대응하기 위한 3가지 통일 방안을 마련하였다.

1. 무력을 사용하는 즉각적인 통일 방안 :

타이완이 중국으로부터 독립을 요구할 경우에 사용한다.

2. '하나의 중국' 원칙에 따라 중국이 통일 방안을 제시 :

타이완이 받아들이지 않거나 분명한 입장을 밝히지 않을 경우, 중국은 무력을 사용한다.

3. 타이완이 '하나의 중국' 원칙을 받아들이고 평화 통일을 제의 :

‘일국양제—國兩制’의 원칙에 따라 중국과 타이완은 상호 협의하여 통일한다.

타이완 해협을 사이에 둔 타이완과 대륙(중국) 사이의 문제를 바로 ‘양안兩岸 문제’라고 한다.

타이완과 중국은 줄곧 ‘하나의 중국’ 정책을 유지해 왔다. ‘일국양제’는 ‘하나의 나라에 두 제도’라는 의미로, 이에 따르면 타이완은 주권을 가진 독립 국가가 아니라 자치권을 지닌 지방 정부에 불과할 뿐이다.

천수이볜의 당선 이후 타이완에는 자신들의 미래에 대한 여러 가지 제안들이 나왔다. 그러나 결국 뚜렷한 합의점을 도출하지 못하였다. 이에 대해 천수이볜 총통은 타이완의 독립 여부를 묻는 투표를 실시해야 한다며 다음과 같이 말한 바 있다.

“우리는 중국의 ‘일국양제’와 ‘하나의 중국’ 원칙을 수용할 수 없다. 타이완의 미래는 2,300만의 타이완 주민만이 결정할 수 있다.”

1858년 3월 18일

독일 발명가 디젤 태어나다

디젤 기관은 대형 선박의 주기관으로 사용되거나 발전용으로도 사용되고 있다.

소형 디젤 기관은 자동차용, 철도 차량용, 비상용 전원 등으로 매우 다양하게 사용된다.

1858년 3월 18일 파리에서 태어난 독일인 루돌프 디젤(Rudolf Diesel :

1858~1913)은 뮌헨 공과 대학교를 나왔다.

　1892년 열기관에 대한 연구로 특허를 받았으며, 1897년에 최초의 실용적인 디젤 기관을 만들었다. 디젤 기관의 점화 방식은 점화 장치를 사용하는 가솔린 기관과 설계 방식에서 차이가 있다. 디젤 기관의 구조는 다음과 같다.

　우선 실린더 내부에서 공기를 고온으로 압축한다.
　압축 행정이 이루어진 실린더 내부로 경유나 증유를 분사하면 자연 발화를 일으켜 점화가 된다.
　이때 시작되는 연소와 팽창은 피스톤을 움직여, 디젤 기관이 가동하게 만든다.

　디젤 기관은 가솔린 기관보다 저렴한 중유나 경유 등의 연료를 사용할 수 있으며, 연소의 시작부터 끝까지 일정한 압력을 유지하므로 힘이 좋다는 장점이 있다. 하지만 고온·고압을 견뎌야 하므로 마력당 중량이 크고, 대기 오염 물질을 방출시키는 단점이 있다.

　디젤은 1913년 9월 29일 영국 해군성의 초청장을 받아 런던으로 가던 중 바다에 빠져 사망했으나, 그가 발명한 디젤 기관은 이후 대형 선박은 물론 트럭을 비롯한 대형 자동차와 기관차, 가정용 SUV 차량에도 두루 사용되고 있다.

1980년 3월 18일

독일 출신의 정신 분석학자 프롬 사망하다

사랑의 아픈 상처는 인간을 완전한 인간으로 만들고 삶을 즐길 수 있도록
만들어 주는 가장 인간적인 경험이다.
그러나 내키지 않는 마음으로 사랑을 행할 때는 무의미하다.

-에리히 프롬

에리히 프롬(Erich Fromm : 1900~1980)은 1900년 3월 23일 독일 프랑크푸르트의 유대인 가정에서 태어났다.

독일에서 심리학, 철학, 사회학을 전공하였으나 나치의 탄압이 시작되자 1934년 미국으로 망명하였다.

정신 분석학자이자 사회학자였던 프롬은 개개인으로서의 인간과 사회 사이의 갈등을 연구, 분석하였다. 그는 "현대인들이 느끼는 소외감은 무의식중에 다른 사람과의 관계를 요구한다."라고 주장하였으며, 또한 "현대인에게 있어 자유란 무엇인가?"라는 물음을 던지기도 하였다.

프롬은 자신의 연구에 대한 다수의 저수와 논문을 남겼으며, 1980년 3월 18일 스위스에서 사망하였다. 대표작으로는 『자유로부터의 도피』 『인간의 자유』 『소유냐 존재냐』 등이 있다.

1871년 3월 18일

프랑스, 파리 코뮌 결성

'파리 코뮌'은 1871년 3월 18일 발생해 두 달 후인 5월 28일에 와해된 파리 시민들의 반정부 시위를 일컫는 말이다.

1871년 1월, 프랑스와 프로이센은 평화 조약 체결을 위해 베르사유 궁전에 모였다. 당시 프랑스는 프로이센과의 조약을 위해 국민 의회를 조직하였는데, 이들 중 대다수는 왕당파 인사들이었다. 뿐만 아니라 프랑스의 국민 의회는 파리 시민으로 구성된 자위단을 강제로 무장해제시켰다.

국민 의회의 이와 같은 결정은 프랑스인들을 분노하게 만들었다. 결국 사회주의자들은 파리를 무력으로 점령하였고, 1871년 3월 18일 파리 코뮌을 결성했다. 이후 파리 코뮌은 자치 정부를 수립하고 반왕당파 혁명을 통해 사회 개혁을 이루려 하였다.

그러나 얼마 지나지 않아 파리 코뮌은 정부에 의해 진압되었다. 프랑스 정부는 약 2만여 명의 코뮌 참여자들을 살해하였으며, 4만여 명을 체포하거나 추방하였다.

파리 코뮌은 1871년 5월 28일 완전히 종료되었으며, 이후 프랑스의 사회주의 운동은 일시적으로 중단되었다.

1842년 3월 18일

프랑스 상징파 시인 말라르메 태어나다

스테판 말라르메(Stephane Mallarme : 1842~1898)는 1842년 3월 18일 프랑스 파리에서 태어났다. 그는 샤를 피에르 보들레르(Charles Pierre Baudelaire : 1821~1867)의 영향을 크게 받았으며, 폴 베를렌(Paul Verlaine : 1844~1896)과 함께 상징주의를 이끈 시인이었다.

말라르메에 따르면 시인들은 초월적인 세계를 표현해야 하며, 시란 묘사보다는 암시를 통해 사상을 깨우쳐야 하는 것이었다.

말라르메는 매주 화요일마다 자신의 집에서 화요회火曜會를 열고, 시인과 작가 들을 모아 문학 이론 등에 대해 토론하였다. 앙드레 지드(Andre Gide : 1869~1951), 카미유 클로델(Camille Claudel : 1868~1955), 폴 발레리(Paul Vale'ry : 1871~1945) 등 20세기 초반의 프랑스 문학을 대표하는 걸출한 문인들은 말라르메의 화요회에서 그들의 재능을 발견할 수 있었다.

1898년 9월 9일 세상을 떠난 말라르메의 주요 작품으로는 『목신의 오후』 『스테판 말라르메 시집』 『던져진 주사위』 등이 있다.

1959년 3월 18일

티베트의 달라이 라마 망명

1959년 3월, 중국은 티베트의 정신적 지도자 달라이 라마를 경극에 초대하였다. 그러나 중국 측은 달라이 라마에게 경호원들을 수행하지 말라고 요구하였다.

그러나 중국 측의 요구는 티베트인들에게 그들의 정신적 지도자인 달라이 라마에 대한 불경인 동시에 신변 위협으로 다가왔다. 3월 10일, 분노한 티베트인들은 중국의 요구에 반대하는 대규모 시위를 일으켰다. 또한 수천 명의 사람들이 달라이 라마의 경극 참석을 막기 위해 달라이 라마의 여름 별궁인 노블링카 궁을 둘러쌌다. 그러나 이에 대한 중국의 대답은 노블링카 궁을 폭격한 것이었다.

라싸에서 시작된 시위는 티베트 전역으로 확산되어 중국의 강압적인 통치에 반발하였으며, 중국은 시종일관 무력 진압으로 응수하였다. 당시 중국군에 의해 사망한 티베트인은 무려 8만 6,000여 명(티베트 측의 주장)에 이르렀으며, 이후로도 티베트의 봉기는 게릴라전 형태로 계속 이어졌다.

그리고 3월 18일 달라이 라마는 티베트를 떠나 인도로 망명한 뒤, 티베트 독립을 위한 국외 망명 정부를 구성하였다.

*** 1959년 3월 10일 '티베트 전역에서 독립 운동 발생' 참조**

3월 19일

1821년 3월 19일

『천일 야화』 번역자 버턴 태어나다

『천일 야화』의 시작은 술탄 샤리아르가 입은 마음의 상처에서 시작한다.

샤리아르는 사랑하는 왕비의 부정을 알게 되었다. 상처받은 왕은 세상 모든 여자를 증오하게 되었으며, 여성들에 대한 복수로 매일 아침 새로운 신부를 맞이하고 이튿날 아침이면 신부의 목을 베어 죽였다. 그러던 어느 날, 한 신하의 총명한 딸이 스스로 왕을 섬기겠다고 나섰다. 셰에라자드라는 이름의 그녀는 궁으로 들어가 샤리아르에게 기상천외하고 흥미진진한 이야기를 들려주기 시작했다. 이야기는 날이 샐 때까지 끝나지 않았고, 이야기의 뒷부분이 궁금했던 샤리아르는 새 아침이 되어도 셰에라자드의 목을 베지 않았다.

천일 밤이 지나고 드디어 셰에라자드의 이야기도 끝이 났다. 그러나 그 사이에 아이들도 생겼고, 총명한 셰에라자드를 사랑하게 된 샤리아르는 생각을 바꿨다.

"알라께 맹세하고 말하건대, 오 셰에라자드여. 나는 이 아이들이 태어나기 전부터 그대를 용서하고 있었다. 그대가 정숙하고, 영리하며, 신을 공경하는 마음도 두텁다는 것을 알고 있었기 때문이었다. 그대와 부모와 조상과 자손에게 알라의 축복이 내리기를……." 그리고 샤리아르는 셰에라자드와 행복하게 살았다.

-『천일 야화』

천일 밤의 이야기, 즉 『천일 야화』라고 불리는 『아라비안나이트』를 매끄럽게 번역해 세상에 널리 알렸던 리처드 프랜시스 버턴(Richard Francis Burton : 1821~1890)은 1821년 3월 19일 영국에서 태어났다.

어린 시절을 프랑스와 이탈리아에서 보냈던 리처드 버턴은 영어와 프랑스어, 이탈리아어는 물론 그리스어와 라틴어에도 능하였다. 1840년 옥스퍼드 대학교에 입학하였으며, 2년 후인 1842년에는 인도로 옮겨 갔다. 1850년까지 인도에 머물렀던 그는 아랍어와 힌디어는 물론 인도의 다양한 방언을 습득하였다.

이후 1853년에는 이집트의 카이로를 거쳐 메카와 메디나로 탐험을 떠났다. 버턴은 유럽인들에게 금기시되었던 이슬람 문화권의 주요 도시들을 모두 돌아다닌 최초의 탐험자으며, 귀국 후에는 『메카와 메디나 순례』라는 책을 저술해 아랍의 문화와 자연을 소개하였다.

1872년 버턴은 이탈리아 트리에스테의 영사가 되었다. 트리에스테에서 재직하는 동안 그는 세계 곳곳에서 쌓은 경험을 바탕으로 많은 책들을 저술하였다. 또한 1885년에는 『아라비안나이트』 영어 완역본을 출판하였는데, 이것은 무려 16권이나 되는 방대한 분량이었다.

『아라비안나이트』는 버턴 이전에도 몇 차례 유럽에 번역된 바 있었다. 1703년에는 프랑스인 앙투안 갈랑(Antoine Galland : 1646~1715)이 원본에는 존재하지 않았던 별도의 이야기 「알라딘과 이상한 램프」와 「알리바바와 40인의 도둑」을 추가한 『천일 야화』를 발표한 적이 있다. 그리고 1710년에는 이름 모를 번역가에 의해 『아라비안나이트』의 영역본이 최초로 출판되었으나, 이것은 버턴의 『아라비안나이트』처럼 완역본은 아니었다.

『천일 야화』는 고대 아라비아어로 『알프 라일라와 라일라』라고 한다.

‘알프’는 ‘1천’을, ‘라일라’는 ‘밤’을, ‘와’는 ‘그리고’를 의미한다. 즉 ‘천일 밤 그리고 하룻밤’이란 의미이다.

『천일 야화』에는 중심 이야기 180편과 짧은 이야기 100여 편이 들어 있다. 작가는 물론 이야기의 기원 또한 알려진 것이 한 편도 없다. 다만 6세기 무렵 페르시아에서 모은 『천의 이야기』가 『천일 야화』로 발전되었다는 사실만 알려졌을 뿐이다.

『천의 이야기』는 8~9세기 무렵 아랍어로 번역되면서 바그다드를 중심으로 한 아랍 문화에 맞도록 바뀌었다. 그 후에 카이로를 중심으로 한 이야기가 추가되면서, 15세기에 이르러 현재와 비슷한 『천일 야화』가 만들어진 것으로 추정된다. 그리고 이후에도 「세 개의 사과 이야기」를 비롯한 설화들이 계속해서 더해진 것으로 추정되는데, 이것은 이야기 속의 생활 풍습이나 물건들로 유추한 것이다.

『천일 야화』는 마치 오늘날의 텔레비전 연속극처럼 하룻밤 단위로 이야기가 끊어졌다가, 다음 날 밤에야 뒷이야기가 이어진다. 한창 이야기가 무르익어 샤리아르가 셰에라자드의 이야기에 빠져 있을 때 그녀는 말을 멈추고 다음 이야기를 예고한다. 그는 그녀를 죽일 수 없었고, 또다시 밤이 돌아올 때까지 이야기를 듣기 위해 애태웠다. 그리고 책을 읽는 독자 역시 술탄과 같은 심정으로 『천일 야화』의 다음 부분을 기다리게 되는 것이다.

『천일 야화』의 밑바탕에는 아랍 문화에 대한 강한 자부심과 알라에 대한 끊임없는 찬양이 깔려 있다. “알라께 맹세하노니” “알라 이외에 신 없고 주권 없도다.”와 같은 말들이 이야기 내내 등장한다.

또한 『천일 야화』는 권선징악을 큰 주제로 삼고 있다. 왕의 여인을 보호해준 청년은 재물을 받고, 남편의 둘째 부인을 시기한 첫째 부인은 당나귀가 된다.

처음부터 페르시아의 『천의 이야기』에는 주변의 여러 문화가 이야기 속에 들어 있었다. 인도와 이란, 이라크뿐만 아니라 시리아와 이집트의 영향을 받았으며, 그리스와 유대의 영향도 찾아볼 수 있다. 그리고 이것이 『천일 야화』로 완성되면서 많은 종교와 사상이 이슬람 사상으로 융합된 것이었다.

1888년 리처드 버턴은 『아라비안나이트』의 완역본을 모두 출판하였고, 2년이 지난 1890년 10월 20일 트리에스테에서 사망하였다.

1900년 3월 19일

영국 고고학자 에번스, 크노소스 궁전 발굴

미노스의 왕녀 아리아드네는 실타래의 기적으로 아테네의 왕자 테세우스를 살려냈다. 그러나 테세우스는 그녀를 떠났고, 아리아드네는 술의 신 디오니소스의 아내가 되었다.

크레타 섬 북부에 위치한 크노소스 궁전은 그리스 신화의 숨결을 그대로 느낄 수 있는 곳이다.

수초 사이를 헤치고 다니는 돌고래, 힘이 넘치는 황소, 아름답게 꾸민 여자 투우사들…… 크노소스 궁전의 프레스코 벽화는 현대인들을 당시의 생활과 문화 속으로 친절히 안내한다.

고대 동방의 문명을 그리스로 전달하였던 에게 문명은 크게 둘로 나뉜다. 크레타 섬을 중심으로 한 크레타 문명(B.C. 2000~B.C. 1400)과 그리스의 미케네와 소아시아의 트로이를 중심으로 한 미케네 문명(B.C. 16세기~B.C. 12세기)이 그것이다.

미케네 문명은 1870년 독일의 실업가이자 고고학자였던 하인리히 슐리만(Heinrich Schliemann : 1822~1890)이 트로이 유적을 발견함으로 밝혀졌다. 그리고 크레타 문명은 1900년 영국의 고고학자 아서 존 에번스(Arthur John Evans : 1851~1941)가 크노소스 궁전을 발굴함으로써 밝혀졌다.

존 에번스는 1851년 7월 8일에 태어났다. 그의 아버지는 저명한 고고학자였으며, 그 역시 아버지의 영향을 받아 어린 시절부터 고고학에 많은 관심을 보였다.

그는 다양한 유적과 유물을 직접 보기 위해 유럽 각지를 돌아다녔다. 특히 슐리만이 발굴한 트로이 유적의 수집품에 큰 감명을 받았는데, 이것은 에번스가 크레타 섬을 발굴하게 된 결정적인 원동력이 되었다.

에번스는 1898년부터 크레타 섬에 머물며 크레타 문명의 유적을 발굴하기 시작했다. 그리고 1900년 3월 19일, 마침내 크노소스 궁전을 발견하였다. 그는 『크노소스의 미노스 궁전』이란 보고서를 통해 발굴 결과를 밝혔다.

『크노소스의 미노스 궁전』에 따르면 크노소스 궁전은 B.C. 1500년 무렵 지진으로 파괴된 제1 궁전과, 이 위에 재건했다가 B.C. 1400년 무렵 아카이아인의 침입으로 파괴된 제2 궁전의 두 부분으로 나뉘어 있다.

크노소스 궁전의 한 변은 150m 정도이며, 100여 개의 크고 작은 방이 있던 것으로 추정된다. 또한 궁전의 설계가 매우 복잡해, 예로부터 '미궁'이라는 뜻의 '라비린토스'라고 불렸다.

크레타 문명을 건설한 사람들은 그리스인들이 아니라 현재의 터키에 해당하는 소아시아인들로 추정되다. 이들은 뛰어난 청동 기술과 상형 문자를 사용하였으며, 그들만의 크레타 문자를 사용하였다. 또한 크레타 문자를 해독한 결과, 이들은 활발한 해상 무역을 벌였다는 사실도 알게 되었다. 그러나 그리스 문화의 효시가 되었던 크레타 문명은 아카이아인의 왕조가 갑자기 멸망한 후로는 부활하지 못한 채 역사에서 자취를 감추어 버렸다.

에번스는 1900년에 크노소스 궁전을 발굴한 이후로도 35년간 크레타 섬에 머물렀다. 그는 이곳에서 옛 크레타 문명의 유적들을 복원하는 데 온 힘을 쏟았으며, 1941년 7월 11일 사망하였다.

1965년 3월 19일

소련 보스토크 2호, 인류 최초 우주 유영 성공

1965년 3월 19일, 소련의 우주 비행사 알렉세이 레오노프(Aleksey Leonov : 1934~)는 1인승 인공위성 보스토크Vostok 2호에 탑승해 약 12분 동안 우주 유영에 성공하였다.

우주 유영은 비행사가 우주선 밖으로 나와 무중력 상태의 우주 공간에서 행동하는 것이며, 이때 입는 우주복은 자외선이나 유성진 등에 견딜 수 있도록 특수하게 설계된 것이다.

소련의 보스토크 2호가 세계 최초의 우주 유영에 성공한 뒤, 3개월 후인 6월 3일에는 미국의 제미니 4호도 우주 유영에 성공했으며, 당시 유영 시간은 약 22분이었다.

3월 20일

1828년 3월 20일

근대 연극의 아버지 입센 태어나다

"난 이제, 한 남자의 아내이며 아이들의 어머니이기 이전에 한 사람
의 인간으로 살겠어."
그리고 노라는 집에서 뛰쳐나왔다.

-입센, 『인형의 집』

헨리크 요한 입센(Henrik Johan Ibsen : 1828~1906)은 1828년 3월 20일 노르웨이의 시엔에서 태어난 극작가이다.

1879년 그의 작품『인형의 집』이 초연되자 사람들, 특히 중산층은 큰 충격을 받았다. 그것은 여주인공 노라가 사회와 남편에서 벗어나 자기의 권리를 주장했을 뿐만 아니라, 사랑 없는 결혼은 의미가 없다는 것을 주장하였기 때문이다.

이 작품에서 노라는 고상한 척하는 사회 관습과 제도를 풍자하였고, 여성을 인형으로만 취급하는 사회를 향해 자기 선언을 하였다. 이후 노라는 근대 여성의 상징이 되었으며, 입센은 근대 연극을 이끌어 가는 대표적인 극작가가 되었다.

유럽 연극의 역사는 고대 그리스와 로마 시대까지 올라가며, 그 기원은 종교 의식으로 추정하고 있다.

학자들에 따라 B.C. 3000년 무렵 이집트에서 파라오의 즉위식과 장례식을 위해 쓴 글이 최초의 희곡 대본이라고 주장하기도 하며, 오시리스 신의 죽음과 부활을 이야기하는『아비도스의 수난극』이 최초의 연극이라고 주장하기도 한다.

하지만 일반적으로는 아리스토텔레스가 "연극은 행위를 모방하는 것이지 행위 그 자체는 아니다."라고 했던 말을 바탕으로 하여 B.C. 5세기 무렵 그리스의 아티카 지방에서 있었던 연극을 효시로 삼고 있다. 이것은 배우와 대사, 관객의 삼박자를 본질적인 연극의 판단 기준으로 한 것이다.

물론 아티카 지방의 연극 역시 시작점은 제의에서 출발한 것이었다. 소아시아의 농업을 다루고 있던 신인 디오니소스는 그리스로 전해지면서 주신이 되었다. 아티카의 10개 부족에서는 5명씩 뽑아서 50명의 합창단을 만들고 디오니소스 찬미가를 불렀다. 무대의 가운데에는 디오니소스의 제단이 있었고, 합창단과 관객들이 볼 수 있는 좌석도 있었다.

지금도 아테네에서는 당시의 무대를 볼 수 있는데, 발굴을 통해 복원한 에피다우루스 극장은 무려 2만 명이나 들어갈 수 있는 거대한 규모이다.

이후 디오니소스 찬미가는 다른 신들과 다른 민족의 조상들 그리고 영웅 이야기까지 포함하게 되었다. 제의를 상연하는 합창단과 배우들은 국가에서 직접 관리하였으며, 아리스토파네스(Aristophanes : B.C. 448?~B.C. 380?), 소포클레스(Sophocles : B.C. 496?~B.C. 406)와 같은 희비극 작가들이 눈부신 창작 활동을 벌이기도 하였다.

로마로 옮겨간 그리스 연극은 보다 오락적이고 현실적인 모습으로 바뀌었고 가면극이 유행하였다. 배우들은 엄청난 크기의 극장에서 관객들이 알아볼 수 있도록 큰 동작으로 연기해야만 했다. 이때 가면은 멀리서도 배우들의 역할을 쉽게 구분할 수 있게 만들어 주었으나, 그만큼 배우들의 개성은 억제되었다.

서양 연극은 중세로 넘어오면서 뚜렷한 발전을 이루지 못하고 오히려 후퇴하였다. 민중 사이에서는 독일의 사육제극이나 프랑스의 소극 등이 존재했지만, 그리스와 로마의 고전 연극은 사라지고 성경을 주제로 한 종교극이 중심을 차지했다.

그러나 르네상스를 거치면서 그리스 로마의 사상과 예술이 되살아났고 연극도 새로운 시대를 맞이하게 되었다. 특히 윌리엄 셰익스피어(William Shakespeare : 1564~1616)를 중심으로 한 엘리자베스 시대의 영국 연극과 마드리드 출신의 극작가 로페 데 베가(Lope de Vega : 1562~1635)를 중심으로 한 스페인 연극은 황금기를 구가하였다.

　　그리고 유럽은 프랑스 혁명(1789~1799)을 거치면서 드디어 그리스 로마의 고전주의를 넘어서기 시작했다. 18세기 후반에는 낭만주의 문학이 발달했고, 19세기 전반에 사실주의 문학의 발달과 함께 에밀 졸라(Emile Zola : 1840~1902)로 대표되는 자연주의 문학이 등장하였다. 입센은 이러한 역사적 흐름에 힘입어 19세기 유럽 사실주의의 대표적인 극작가로 자리매김하게 되었다.

　　입센은 셰익스피어의 작품처럼 왕과 귀족의 삶을 보여 주는 연극에서 벗어나, 사실적으로 사회 문제에 접근하는 '문제극'을 만들어 냈다.

　　1847년 2월, 프랑스에서는 '2월 혁명'이 발발하였다. 프랑스의 국왕 루이 필리프(Louis Philippe : 1773~1850)는 왕위에서 물러난 뒤 외국으로 망명을 떠나야만 했다. 2월 혁명은 입센에게도 큰 영향을 미쳤고, 이후 1850년에 발표한 『카틸리나』에서는 혁명가가 주인공으로 등장하기도 했다.

　　그 후 '최초의 근대극'이라 불리는 『사랑의 희극』(1862)과 『왕위를 노리는 자』(1863)를 연달아 발표하였다. 그러나 입센이 극작가로서 인정받기 시작한 것은 1866년의 『브랑』과 1867년의 『페르귄트』의 발표 후였다. 그리고 입센은 세상에 내놓은 『인형의 집』(1879)으로서 근대 연극의 발판을 마련하였다.

　　만년에 『바다에서 온 부인』 『우리 죽은 자들이 깨어날 때』 등의 희곡들을 발표하였던 입센은 1906년 5월 23일 크리스티아니아(오늘날의 오슬로)에서 사망하였다.

1602년 3월 20일

네덜란드 동인도 회사 설립

17~18세기의 네덜란드에는 각 도시마다 동방 무역의 특권을 부여받은 무역 회사들이 있었다.

네덜란드 정부는 아시아 지역을 보다 효율적으로 착취하기 위해 이들 회사를 모두 합친 다음, '동인도 회사'를 설립하였다. 네덜란드의 동인도 회사는 당시 네덜란드의 국력을 상징하는 존재였다.

절대 왕정 시기의 유럽은 중상주의 정책을 추진하였으며, 유럽의 국가들은 나라마다 자국의 동인도 회사 설립에 온 힘을 쏟았다. 각국의 동인도 회사들은 저마다 후추·사탕수수·면포와 같은 동양 특산품을 독점하려 했으며, 이로 인해 상업 전쟁이 벌어지게 되었다.

인도와의 무역에 중심을 둔 영국과 프랑스는 각각 1600년과 1604년에 동인도 회사를 설립하였다. 반면에 네덜란드는 1602년 3월 20일에 동인도 회사를 설립해 인도는 물론 동남아시아·중국·일본과 교역하였다.

네덜란드의 동인도 회사는 동인도 지역과의 무역을 통해 무역 독점권을 보유했을 뿐만 아니라, 동양의 여러 나라들과 조약을 체결할 수 있는 권한과 군대를 파견할 수 있는 권한도 있었다. 즉 동인도 회사는 네덜란드의 대외 관계까지 책임지는 다양한 권리를 누렸던 것이다.

네덜란드는 동인도 회사와 서인도 회사를 조직하여 당시 해외 무역을 이끌고 있던 포르투갈이나 스페인과 대립하였다. 30년 전쟁

(1618~1648) 당시 네덜란드는 신교 국가로서 참전했으며, 이들 나라의 해외 무역에 큰 타격을 주었다. 특히 1639년 10월에 벌어진 네덜란드와 스페인 사이의 해전에서는 마르텐 트롬프(Maarten Tromp : 1598~1653)가 지휘하는 네덜란드 함대가 스페인 함대 대부분을 침몰시켜, 스페인의 제해권이 크게 축소되는 계기를 만들었다.

그러나 네덜란드는 1652년부터 시작된 영국과의 무역 전쟁에서 패배하였으며, 향신료 무역 또한 점차 줄어들게 되었다. 이후 네덜란드의 동인도 회사는 식민지 경영에만 중점을 두었다가, 1799년 결국 정부에 모든 권한을 넘기고 해산하였다.

2003년 3월 20일

미국, 이라크를 침공하다

미국의 부시 대통령이 이라크의 사담 후세인(Saddam Hussein : 1937~2006) 대통령에게 최후통첩을 한 지 사흘이 지난 2003년 3월 20일, 미국은 영국과 함께 이라크 합동 침공에 들어갔다.

미국과 영국이 이라크를 침공한 표면적인 이유는 '이라크의 대량 살상 무기 보유' '후세인에 의한 쿠르드족 탄압' '유엔 사찰 방해' 등이었다. 그러나 사실은 이라크의 석유 자원을 노린 침공이었다는 것이 정설이다.

미국이 '이라크 자유 작전'이라고 명명한 이 전쟁은, 홍해와 지중해 그리고 아라비아 해상에서 이라크를 향해 미사일을 발사함으로써 시작되었다. 개전 한 달 후인 4월 19일에는 이라크의 수도 바그다드가 함락

되었으며, 그로부터 열흘 남짓 지난 5월 1일에 종전되었다.

당시 우리나라는 이라크 재건을 위해 공병 지원단과 의료 지원단을 파견하였다. 또한 일본 정부와 필리핀은 미국의 무력행사를 지지하였고, 오스트레일리아는 공군 전투기와 특수 부대를 파견하였다.

이에 반해 중국, 러시아, EU, 아랍 연맹은 미국의 무력 침공을 비난하였고, 아르헨티나에서는 반미 시위가 벌어졌다. 코피 아난 전 유엔 사무총장 역시 유감을 표하기도 하였다.

한편 도피 생활을 하던 후세인 대통령은 미군에 체포되어 2006년 11월 5일 사형 선고를 받았으며, 이해 12월 30일 사형에 처해졌다.

1995년 3월 20일

일본의 옴 진리교, 도쿄 지하철에 독가스 살포

1995년 3월 20일, 일본 도쿄의 지하철 안에서 옴 진리교 신도가 도시락만한 크기의 신경계 독가스인 사린을 뿌린 사건이 발생하였다. 이로 인하여 12명이 사망하고 약 6,000명이 중경상을 입게 되었다.

옴 진리교는 1984년에 아사하라 쇼코가 설립한 종말론 집단으로, 화학 무기와 핵무기에 의한 종말을 극복하고 천년왕국을 맞이하기 위한 수행을 강조하였다.

이들은 이전에도 수차례 살인 테러를 벌인 바 있었으며, 1995년의 도쿄 지하철 독가스 사건은 교주인 아사하라가 지시한 것으로 밝혀졌다.

사건 발생 두 달 후인 5월 17일에 아사하라 쇼코는 주범으로 체포되었으며, 2006년 9월 15일 사형이 확정되었다. 그리고 2011년 11월 21

일, 일본 최고 재판소는 독가스 제조와 관련된 옴 진리교의 간부 엔도 세이치에게도 사형 판결을 내렸다. 이로써 옴 진리교의 교주 아사하라와 간부 13명에게 사형이, 5명에게는 무기 징역이 선고되었으며, 사건 발생 후 장장 16년에 걸쳤던 재판이 마무리되었다.

1894년 3월 20일

헝가리 혁명 지도자 코슈트 사망하다

라요시 코슈트(Lajos Kossuth : 1802~1894)는 1802년 9월 19일 헝가리의 모노크에서 태어난 혁명가이다. 그의 집안은 유서 깊은 귀족 가문이었으며, 그의 가족은 모두 개신교도였다.

1832년, 코슈트는 의회에 첫발을 내디뎠다. 그는 헝가리에 당시 유럽에 팽배하였던 자유주의, 특히 민족적 자유주의를 도입하고 싶어 했다. 그러나 당시 헝가리는 오스트리아의 지배를 받는 상황이었다. 이에 코슈트는 의회에 많은 보고서들을 제출하였으며, 이 문서들은 헝가리 구석구석까지 널리 퍼져 대중의 뜨거운 호응을 받았다.

1848년, 프랑스에서 2월 혁명이 발생해 국왕 루이 필리프가 퇴위하고 외국으로 망명한 사건이 발생하였다. 그리고 2월 혁명의 바람은 헝가리에도 불어와 민중을 자극하였다. 코슈트는 헝가리인들과 의회를 향해 열변을 토하였으며, 헝가리의 독립을 위해 차근차근 준비해 나갔다.

그리고 이듬해인 1849년, 헝가리는 독립을 선언했으며, 그 가운데에는 코슈트가 서 있었다. 그러나 헝가리의 독립 전쟁은 러시아의 개입으로 실패하였고, 코슈트는 오스만 제국(오늘날의 터키)으로 망명하였다.

이후 코슈트는 1859년에 이탈리아의 독립 전쟁에 참전하여 오스트리아군과 맞서 싸우기도 하였다. 그러나 1894년 3월 20일, 코슈트는 끝내 헝가리로 돌아가지 못하고 이탈리아에서 사망했다. 그리고 그의 유해만이 고국으로 돌아가, 헝가리인들의 눈물 속에서 땅에 묻히게 되었다.

B.C. 43년 3월 20일

로마 시인 오비디우스 태어나다

로마의 시인 푸블리우스 나소 오비디우스(Publius Naso Ovidius : B.C. 43~A.D. 17)는 B.C. 43년 3월 20일 이탈리아 중부의 술모나에서 태어났다. 그는 특히 사랑의 즐거움을 노래한 연애시로 유명하였으며, 그의 화려한 문장은 아우구스투스 황제에게까지 알려지기도 하였다.

기원후 8년, 오비디우스는 황제에 의해 흑해의 토미스로 추방되었다. 그러나 추방 원인은 오늘날까지 명확히 밝혀지지 않았다. 그는 토미스에서도 끊임없이 시작 활동을 하였으나, 다시는 고향 로마의 땅을 밟지 못하고 A.D. 17년에 사망하였다.

그의 가장 유명한 작품인 『변신 이야기』는 예로부터 전해진 설화의 변신 이야기들을 다룬 것이며, 다른 작품으로는 『흑해로부터의 편지』 『여자의 화장법』 등이 있다.

1904년 3월 20일

미국 심리학자 스키너 태어나다

사람과 동물의 근본은 같은 것인가, 다른 것인가?

이에 대해 버러스 프레더릭 스키너(Burrhus Frederic Skinner : 1904~1990)는 인간과 동물 사이에 본질적인 차이가 없다는 '행동주의 심리학' 이론을 내세웠다.

1904년 3월 20일 펜실베이니아 주에서 태어난 버러스 프레더릭 스키너는 미국의 대표적인 심리학자 중 한 명이다. 그는 하버드 대학교에서 박사 학위를 받은 뒤 1936년부터 미네소타 대학교의 교수로 재직하였다가, 1948년에는 모교인 하버드 대학교의 교수가 되었다.

스키너는 '인간은 철저하게 주어진 조건에 따라 움직이는 동물'이라고 주장하였으며, 이를 증명하기 위해 하나의 실험을 하였다. 이것이 바로 그 유명한 '스키너 상자'였다.

그는 스키너 상자를 만든 후, 각각의 상자에 여러 종류의 동물을 넣었다. 그는 각 상자마다 실험에 필요한 환경을 조성한 다음 동물들의 반응을 살펴보았다. 이후 스키너 상자는 다양한 약물 성분이 동물에게 미치는 영향을 실험하는 데 사용되었으며, 동물의 인지 행동 반응을 연구하는 데에도 큰 공헌을 하였다.

스키너는 생리 심리학, 약리 심리학, 교육 심리학 등에 큰 영향을 미쳤으며, 1990년 8월 18일에 사망하였다.

튀니지, 프랑스에서 독립

튀니지는 지중해를 사이에 두고 이탈리아와 마주보고 있는 북아프리카의 국가이다.

B.C. 12세기 무렵 서아시아와 지중해에서 활약하던 페니키아인이 튀니지까지 세력 확장을 하였다. 이들은 튀니지에 해상 교역을 위한 항구를 건설하였다.

B.C. 8세기에는 페니키아의 식민 도시인 카르타고가 세워졌다. 그 후 카르타고는 지중해 무역의 중심지로서 최전성기를 구가하였으나, B.C. 146년 포에니 전쟁에서 로마에게 패배한 뒤 로마의 속주가 되었다. 그러나 로마가 멸망한 후에도 튀니지의 독립은 이루어지지 않았다.

A.D. 610년, 마호메트(Mahomet : 570?~632)의 이슬람교 창시 후, 이들은 비약적으로 세력을 확장하였으며 튀니지까지 복속시켰다. 이후 튀니지는 줄곧 이슬람 정복 왕조의 영향권 아래 놓여 있었다.

그리고 16세기에 또다시 오스만 제국에게 정복되어 지배받았으며, 1881년에는 프랑스군에게 점령당하여 보호국이 되었다.

프랑스의 보호령이 되어 버린 튀니지에서는 여러 차례 민족 운동이 일어났지만 그들의 독립은 이루어지지 않았다. 그러나 튀니지의 민족 운동은 꾸준히 발전하였으며, 마침내 1956년 3월 20일 프랑스로부터 완전히 독립하게 되었다.

3월 21일

1935년 3월 21일

페르시아, 이란으로 국호를 바꾸다

오랜 시간 '페르시아'라고 불렸던 이란의 역사는 B.C. 10만 년 무렵
으로 거슬러 올라간다. 그 시작은 이란 고원의 서부에서 남부로 쭉
뻗어 있는 자그로스 산맥에서 발견한 인류 거주의 흔적이었다.

이란은 서아시아의 서남부에 위치한 국가로, 이곳에 최초의 인류가 거주한 것은 구석기 시대인 B.C. 10만 년 전으로 추정된다.

B.C. 4000년 무렵, 이란족의 엘람 민족이 페르시아 만 북방에 위치한 수사를 중심으로 신석기 문화를 이룩하였다. 이들의 유사 시대는 B.C. 3000년 정도부터 시작되었으며, 이후 바빌론 왕국, 아시리아 등과 싸우며 성장하였다. 그러나 B.C. 7세기에 아시리아의 공격으로 수사가 함락되었다.

한편 B.C. 9세기 중엽에는 또 다른 이란족 메디아인과 페르시아인이 북부의 우르미아 호수와 서남부의 자그로스 지역에서 성장하고 있었다. 메디아인은 B.C. 609년 아시리아의 수도 니네베를 함락하였지만, B.C. 550년 페르시아의 키루스 2세(Cyrus Ⅱ : B.C. 585?~B.C. 529?)에게 멸망당하였다.

키루스 2세는 자신을 '페르시아의 왕'이라고 불렀고, 국명은 아케메네스라고 정하였다. 페르시아는 그리스인들이 이란 서부를 '페르시스'라고 부른 데서 기원한다. 이 무렵의 기록 가운데 키루스 2세의 업적이 나타나 있는 명판에 보면 "위대한 신 아후라마즈다께서 이 나라를 주셨도다. 나는 이 나라의 왕이다."라고 기록되어 있다. 이후 키루스 2세는 바빌론을, 그의 후계자 캄비세스는 이집트를 정복하였다.

그리고 B.C. 522년 다리우스 1세(Darius Ⅰ : B.C. 549?~B.C. 486)는 아케메네스 귀족 회의에서 왕으로 추대되어 페르시아의 전성기를 이룩했다. 그는 페르시아의 영토를 인도 북부에서 유럽의 다뉴브 강까지 확장하였다. 하지만 B.C. 490년 8월 12일 그리스 연합군과 마라톤 전쟁에서 패배하였으며, 4년 후인 B.C. 486년에 사망하였다.

페르시아의 아케메네스 왕조는 B.C. 334년에 마케도니아의 알렉산더 대왕(Alexander : B.C. 356~B.C. 323)에 의해 몰락하였다. 그러나 알렉산더가 사망한 이후, 마케도니아 출신의 셀레우코스 1세가 페르시아 제국의 뒤를 잇는 셀레우코스 왕조를 열었다(B.C. 313).

한편 또 다른 이란계 유목 부족인 파르니족은 B.C. 250년 무렵 파르티아를 세웠으며, 파르티아는 쇠약해진 셀레우코스 왕조를 대신해 이란의 정통 왕조가 되었다.

파르티아 사람들은 기마 전투와 활쏘기로 유명하였다. 고구려 고분 벽화에서 볼 수 있는 말을 탄 상태로 뒤돌아서 활 쏘는 것을 '파르티아식 활쏘기'라고 한다. 한 무제와 교역하기도 했던 파르티아는 중국 역사서에 '안식국'으로 기록된 나라이다.

그러나 A.D. 226년, 사산 가문의 아르다시르가 일으킨 반란으로 파르티아는 무너졌으며, 사산조 페르시아가 건국되었다. 아르다시르 1세의 아들 샤푸르는 244년 로마군과 싸워 로마 황제 고르디안 3세를 죽이고 '이란족과 비非이란 족의 왕 중 왕'이라는 칭호를 사용하였다. 사산조 페르시아의 영토는 파르티아 왕조보다 훨씬 넓었으나, 비잔틴 제국·튀르크족과의 전쟁으로 점점 국력이 쇠하기 시작했다.

7세기의 사라센 제국은 이슬람 포교를 내세워 이란의 사산조 페르시아와 비잔틴 제국으로 영토를 넓히고자 하였다. 그리고 632년, 야즈다지르드 3세가 사산조 페르시아의 왕으로 즉위하였다. 그러나 637년 사라센 군대가 카디시야 전투에서 사산조 페르시아의 최고 지휘관 루스탐을 죽였고, 631년에는 야즈다지르드 3세가 현상금을 노린 물방앗간의 주인에게 살해되었다. 방대한 영토와 화려한 문화를 자랑했던 사산조 페르시아는 이렇듯 허무하게 역사에서 사라지고 이민족의 지배하에 놓이기 시작했다.

이후 약 800년 동안 이란은 이슬람 세계의 동쪽을 이루고 있었지만, 이란족만의 공통의 언어와 문화를 가지고 있었다. 또한 조로아스터교에서 이슬람교로 개종한 후에도 행정과 학문 분야에서 뛰어난 업적들을 일구어 냈다.

1405년 티무르 제국의 창시자 티무르(Timur : 1336~1405)가 사망하자, 그의 아들 샤 루흐가 이란 지역을 통치하게 되었다. 그는 이란 서부 지역에 대해서는 느슨한 통치를 하였으며, 이 지역은 튀르크 계통의 흑양조黑羊朝의 손으로 넘어갔다가, 백양조白羊朝의 지배로 이어졌다.

그러나 1501년 사파위야라는 이슬람 종교 단체의 지도자 이스마일이 사파위 왕조(1501~1722) 성립해 이란인이 중심이 된 민족 국가를 세우게 되었다. 그러나 1796년 튀르크계의 카자르 왕조가 다시 이란을 지배하였고, 이 시기에 수도를 테헤란으로 이전하였다.

1925년, 당시 군사령관이었던 레자 한이 영국의 지원을 받아 카자르 왕조를 무너뜨리고 팔레비 왕조를 수립한 뒤 스스로를 ‘레자 샤’라고 칭하였다. 이란인이 세운 팔레비 왕조는 국면 쇄신을 위해 1935년 3월 21일 ‘페르시아’에서 ‘이란’으로 국호를 바꾸었으며, 팔레비 왕조는 1979년 이란 혁명으로 멸망할 때까지 계속되었다.

이후 이란은 왕정 국가에서 공화정으로 바뀌었으며, 오늘날 이란의 정식 국명은 ‘이란 이슬람 공화국’이다.

1685년 3월 21일

바로크 음악의 거장
요한 제바스티안 바흐 태어나다

"4주일씩이나?"

"예. 뤼베크까지 걸어가야 하거든요."

"그럼 교회의 예배는 어떻게 하고? 그리고 그 먼 곳까지 걸어가겠단 말인가?"

"예. 꼭 들어야 합니다."

바흐가 18살 때 있었던 에피소드이다. 당시 독일 북부에 위치한 항구 도시 뤼베크에서 당대 최고의 작곡가이자 오르가니스트였던 북스테후데의 연주회가 개최될 예정이었다.

이 소식을 들은 바흐는 북스테후데의 연주를 듣기 위해 교회에 4주 휴가를 신청했고, 교회 책임자는 그의 열성에 감탄해 휴가를 허락했다.

하지만 바흐는 4개월 만에야 돌아오게 되었으며, 돌아온 후 큰 꾸지람을 들어야만 했다.

중세 종교 개혁의 정신과 신비주의 · 구원을 음악으로 풀어낸 바로크 음악의 거장 요한 제바스티안 바흐(Johann Sebastian Bach : 1685~1750)는 1685년 3월 21일 독일의 아이제나흐에서 태어났다.

바흐의 집안은 200여 년 동안 50명 이상의 음악가를 배출한 음악가 집안으로, 형제인 빌헬름 엠마누엘과 요한 크리스티안은 각각 '함부르크의 바흐' '밀라노의 바흐'로 불릴 만큼 유명했다.

　그의 할아버지는 중부 독일 튀링겐 지방의 빵집 주인으로, 치터라는 현악기를 잘 쳤다고 한다. 그리고 아버지는 거리의 악사였다. 바흐는 어린 나이에 부모님을 여의고 맏형인 음악가 요한 크리스토프 밑에서 자랐다.

　어린 시절부터 남다른 음악적 재능이 빛났던 바흐는 1700년까지 교회 성가대에서 보이소프라노로 활약하였다. 1706년에는 사촌인 마리아 바르바라와 결혼하였으며, 1708년에는 바이마르 빌헬름 공작의 궁정 오르가니스트가 되었다.

　1717년, 바흐는 쾨텐 궁정의 악장으로 임명받았다. 만년의 바흐가 일생에서 가장 행복했던 때라고 회고한 이 시기에는 주로 기악 음악을 작곡하였다. 그리고 1721년 3월, 그의 대표작 가운데 하나로 손꼽히는 『브란덴부르크 협주곡』을 작곡하여 브란덴부르크 백작에게 헌정하였다. 첫 아내 마리아와 사별하였던 바흐는 같은 해에 안나 막달레나와 재혼하였다.

　1723년 5월 바흐는 라이프치히 성 토마스 교회의 음악 감독으로 취임하였다. 그는 매주 일요일마다 교회에서 지휘했으며, 루터파의 전통에 따라 항상 새로운 칸타타를 작곡해야만 했다. 그는 이곳에서 무려 200곡에 가까운 교회 칸타타와 「마태복음」「요한복음」을 주제로 한 수난곡 등을 작곡하였다. 그중에서도 특히 유명한 작품은 1727년에 초연한 『마태 수난곡』이다. 교회 음악 외에도 세속 칸타타인 『커피 칸타타 : 가만히 입 다물고 말하지 마세요』『농민 칸타타 : 우리의 새 영주님』 등을 작곡하였다.

　또한 바흐는 자기 예술을 집대성하려는 목적으로 『푸가의 기법』『나단조 미사』 등을 완성하였다. '음악의 아버지'로 기억되는 바로크 음악의 완성자인 바흐는 1750년 7월 28일 사망하였다.

1804년 3월 21일

나폴레옹 법전 발표

'프랑스 민법전'이라고도 하는 나폴레옹 법전은 프랑스 혁명의 산물이다.
그리고 프랑스 혁명은 곧 이성을 중시하는 자연법 사상의 결과였다.

1804년 3월 21일에 세상에 나오게 된 '나폴레옹 법전'은 나폴레옹의
주도하에 편찬되었기 때문에 붙여진 이름이다.

나폴레옹 법전은 개인주의와 자유주의를 기본 사상으로 하여, 법 앞
의 평등 · 소유권의 불가침 · 개인의 자유 · 신앙 및 계약의 자유 등 자
유권적인 기본권을 보장하고 있다. 나폴레옹은 법전이 완성되자 구체
제가 다시 등장할 것을 경계하여, 법관들의 자유로운 법 해석을 금지하
였다.

나폴레옹 법전은 근대 시민법의 기본 원리로서 간결한 문체와 함께
각국의 시민법에 큰 영향을 끼쳤다.

1960년 3월 21일

남아프리카 공화국, 샤퍼빌 학살 종료

남아프리카 정부는 1959년 흑인과 백인을 차별하는 통행법을 만들

어 흑인들을 감시하였다. 이에 흑인들은 반발하였고 시위를 일으켰다.

그러나 남아프리카 정부는 경찰에게 시위대 사살 명령을 내렸고, 이로써 흑인에 대한 백인의 무자비한 학살의 역사가 시작되었다. 학살은 이듬해인 1960년 3월 21일에 종료되었으나, 이미 약 2만 명의 흑인이 희생된 후였다. 1959년에 시작되어 1960년에 끝난 남아프리카 백인 정부의 흑인 학살을 '샤퍼빌 학살'이라고 부른다.

영국은 인종 차별적 학살에 대해 남아프리가 정부를 강력히 비판하였고, 이에 남아프리카 정부는 영국 연방에서 탈퇴해 남아프리카 공화국을 선언하였다.

1936년 3월 21일

러시아 작곡가 글라주노프 사망하다

알렉산드르 콘스탄티노비치 글라주노프(Alexander Konstantinovich Glazunov : 1865~1936)는 1865년 8월 10일 러시아의 상트페테르부르크에서 태어난 작곡가이다.

그의 초기 작품에는 러시아 민족주의 경향이 나타나지만, 후기에는 서유럽 음악의 영향도 보이고 있다. 글라주노프는 8개의 교향악과 2개의 피아노 협주곡 등을 남겼으며, 그중 『스텐카라진』이 가장 유명하다.

1922년 고국에서 '소련 인민 예술가'의 칭호를 받기도 하였던 글라주노프는 1936년 3월 21일 프랑스 파리에서 숨을 거두었다.

1963년 3월 21일

미국, 앨커트라즈 형무소 폐쇄

앨커트라즈는 미국의 샌프란시스코에 있는 작은 섬이다. 이곳에 있는 감옥 앨커트라즈는 영화 『더 락The Rock』으로도 유명하다.

앨커트라즈 형무소에서는 1933년 연방 형무소가 된 이래 재정난으로 폐쇄하게 된 1963년까지 적어도 14번 이상의 탈출 시도가 있었지만, 성공한 사람은 단 한 명도 없었다. 실패한 원인은 차가운 바다의 수온 때문이거나 바닷물의 역류, 상어의 습격 등이라고 말하지만, 이에 대한 정확한 증언이 없어 알 수는 없다.

앨커트라즈의 뜻은 '펠리컨의 섬'이라고 하지만 정확한 것은 아니다. 마피아의 대부 알 카포네(Al Capone : 1899~1947)도 거쳐 간 바 있는 앨커트라즈 형무소는 1963년 3월 21일에 폐쇄되었다.

2001년 3월 21일

케냐, 오스트랄로피테쿠스보다 현대인에
더욱 가까운 직립 원인 화석 발견

2001년 3월 21일 케냐 국립 박물관은 케냐의 북부 로메크위 강 부근에서 50만~300만 년 전으로 추정되는 직립 원인 화석을 발견하였다고 발표했다.

1974년 에티오피아에서 발견된 320만 년 전의 화석 '루시'보다도 더

현대인에 가까운 특성을 보이는 이 화석은 '케니안트로푸흐 플라티오프스(케냐의 인간)'라 명명되었다.

미국, 건강 보험 개혁 법안 통과

2010년 3월 21일 미국 하원 본회의에서 건강 보험 개혁 법안이 통과되었다.

이것은 미국 26대 시어도어 루스벨트(Theodore Roosevelt : 1858~1919) 대통령의 공약 가운데 하나였던 건강 보험 문제의 연장선에 있는 것으로, 루스벨트 대통령의 공약에서 시작해 개혁에 이르기까지 약 1세기란 시간이 필요했다.

이 법안은 미국 국민 가운데 3,200만여 명의 무보험자를 대상으로 한다. '세계 선진국 중 유일하게 대국민적 · 보편적 건강 보험 제도를 실시하지 못한 나라'라는 미국의 오명을 씻을 수 있게 만들어준 진일보한 사건이었다.

3월 22일

1895년 3월 22일

프랑스 뤼미에르 형제,
세계 최초로 무성 영화를 상영하다

뤼미에르 형제가 시네마토그래프Cine`mato graphe를 작동시키자 파리 사람들은 깜짝 놀랐다. 자신의 눈앞에서 영상 속의 나뭇잎들이 살아 있는 것처럼 움직였기 때문이다.

1895년 3월 22일에 상영된 뤼미에르 형제의 영화『공장을 나서는 노동자들』은 '필름' '카메라' '영사기'라는 영화의 기본 도구를 갖춘 세계 최초의 영화로 평가받고 있으며, 이날이 영화 탄생일로 지정되는 결정적인 요인이 되었다.

그러나 영화를 최초로 발명한 사람을 에디슨(Thomas Alva Edison : 1847~1931)과 그의 조수 딕슨으로 보는 사람들도 있다. 에디슨은 1889년 키네토스코프를 만들었으며, 4년 후인 1893년에 미국 시카고 박람회에서 공개하였다. 하지만 이 기계는 피아노 크기만한 부피와 엄청난 무게 때문에 자유로이 이동하면서 촬영할 수가 없었다. 그렇기 때문에 대부분의 이론가들은 뤼미에르 형제를 최초의 영화 발명자로 인정하고 있다.

시카고 박람회에서 에디슨의 키네토스코프를 보고 프랑스로 돌아온 뤼미에르 형제는 영화를 찍을 수 있는 기계를 고안해 냈다. 그들은 35mm 필름과 재봉틀에 있는 장치를 이용하여 아주 작은 카메라를 만들었는데, 이 기계의 장점은 부피가 작고 무게가 가벼워 찍고자 하는 대상을 자유롭게 선택할 수 있는 것이었다.

1895년 3월, 뤼미에르 형제의『공장을 나서는 노동자들』이 파리의 국가 공업 진흥 위원회에서 일반에게 공개된 뒤, 다시 회의와 기술 보완을 거쳐 몇 개의 영화가 더 제작되었다.

그리고 1895년 12월 28일 파리의 그랑 카페에서 세계 최초의 유료 영화가 상영되었다. 당시 상영된 영화는『물 뿌리는 사람』『열차의 도착』등 1분 정도 분량의 10여 편이었다. 그중『열차의 도착』을 상영했을 때에는 스크린 왼쪽에 있던 사람들이 매우 놀랐다고 한다. 영화를 처음으로 본 관객들이 눈앞에서 진짜 열차가 다가오는 것이라고 착각했기 때문이었다. 또한 『물 뿌리는 사람』은 소년이 정원사에게 장난치려고 물이 나오는 고무관을 꼭 밟고 있는 부분이 인상적인 영화이다.

당시 뤼미에르 형제가 공개한 영화는 녹음된 소리가 없는 무성 영화였으며, 소리가 실린 유성 영화는 시간이 더 흐른 1920년대에야 등장할 수 있었다.

1994년 3월 22일

애니메이션 제작자 랜츠 사망하다

월터 랜츠가 신혼여행을 갔을 때였다. 지붕에서 딱따구리가 딱딱거리는 바람에 신혼여행을 즐기던 두 사람의 오붓한 분위기가 깨져 버렸다. 화가 난 랜츠는 딱따구리에게 돌을 던져 내쫓았고, 이것은 애니메이션 『딱따구리』의 시작이었다.

애니메이션 『딱따구리』의 제작자 월터 랜츠(Walter Lantz : 1900~1994)는 1900년 4월 27일 미국 뉴욕에서 태어났다.

1930년, 랜츠는 『재즈의 왕』으로 세계 최초의 컬러 애니메이션을 선보였다. 1940년에는 『노크, 노크knock, knock』라는 애니메이션을 제작했는데, 이때 단역으로 딱따구리가 등장하였다. 그러나 단역 딱따구리는 선풍적인 인기를 몰아 왔고, 이에 랜츠는 애니메이션 『딱따구리』 시리즈를 제작하게 되었다.

『딱따구리』가 나온 것은 1940년이지만, 사실 애니메이션은 이미 19세기부터 연구되기 시작했다. 그리고 애니메이션의 기원은 이보다 훨

씬 더 오래전으로 올라간다.

'애니메이션animation'은 '영혼을 불어넣다'라는 뜻으로 '영혼'을 의미하는 라틴어 '애니마anima'에서 파생된 말이다. 즉 애니메이션은 움직이는 사물을 촬영하여 영화의 움직임을 만드는 것이 아니라, 움직이지 않는 사물을 한 프레임씩 연속적으로 촬영하여, 보는 이들로 하여금 움직이고 있다는 착각을 불러일으키는 것이다.

그림을 움직이고자 하는 본격적인 시도는 19세기에 이루어졌다. 1825년 존 파리스는 소마트로프라는 장난감을 만들었는데, 이것은 망막의 잔상 효과를 이용하여 원판 앞뒤에 서로 다른 그림을 그린 뒤 이를 합치는 기구였다. 1888년에는 프랑스의 에밀 레이노가 프락시노스코프를 개발해 최초의 애니메이션 『맛있는 한 잔의 맥주』를 상영하였다.

그리고 1908년에는 프랑스의 에밀 콜이 세계 최초의 만화 영화 『팡타스마고리』를 만들었으며, 1920년대에 이르러 유성 영화가 시작되면서 애니메이션의 황제라고 불리는 월트 디즈니의 시대가 시작되었다.

1941년 『딱따구리』 시리즈를 제작한 랜츠는 1979년 영화 예술 및 기술 아카데미 명예상을 수상하였으며, 1994년 3월 22일 캘리포니아에서 숨을 거뒀다.

1945년 3월 22일

아랍 연맹 결성

이슬람 국가들의 지도자들은 1945년 '아랍 연맹'을 결성하여 아랍 세계의 공동 번영을 추구하였다.

1945년 3월 22일 이집트, 이라크, 시리아, 레바논, 사우디아라비아, 예멘, 요르단의 정상들이 모여 아랍 연맹을 결성하였다. 이후 리비아, 수단, 튀니지, 모로코, 쿠웨이트, 알제리, 예멘, 바레인, 오만, 카타르, 아랍에미리트, 모리타니아, 소말리아, 팔레스타인 해방 기구, 지부티 등이 차례로 가입하여 회원국은 모두 22개국이 되었다. 처음에는 이집트가 창설 회원국이었으나 이스라엘과 평화 조약을 맺은 이유로 연맹에서 제외되어 비공식 회원국이 되었다.

아랍 연맹 의회는 일 년에 두 번 개최되며 만장일치를 원칙으로 한다. 회원국들은 서로 정치·군사 문제도 협력하고 있으나 회원국마다 의견이 다를 때가 많아 그 성과는 경제·문화 분야에 비해 적은 편이다.

1923년 3월 22일

무언극 배우 마르소 태어나다

마르셀 마르소(Marcel Marceau : 1923~)는 프랑스의 무언극 배우인 동시에 연출가이다. 1923년 3월 22일 프랑스의 스트라스부르에서 태어나 사라 베르나르 극장 연극 예술 학교에서 무언극을 배웠다.

무언극의 기원은 인도, 이집트, 그리스 등지에서 살필 수 있으며, 16세기 이탈리아에서 피에로가 무언극에 등장한 이후 전 유럽에 유행처럼 퍼졌다.

마르소는 1만여 회가 넘는 공연을 통해 무언극을 전 세계에 알렸고, 슬프고 하얀 얼굴에 키가 큰 '비프Bip'라는 오늘날의 피에로를 만든 주인공이기도 하다.

1868년 3월 22일

물리학자 밀리컨 태어나다

로버트 앤드류 밀리컨(Robert Andrews Millikan : 1868~1953)은 미국의 물리학자로 1868년 3월 22일 일리노이에서 태어났다.

밀리컨은 1895년 컬럼비아 대학교에서 학위를 받은 뒤, 시카고 대학교에서 물리학을 강의하였다. 1923년에는 전자의 기본 전하량을 측정하고 광전 효과를 연구하여 노벨상을 수상하였다. 또한 자외선과 X선 영역의 분광학 연구로 밀리컨선을 발견했으며, 우주선 공학의 기초를 쌓기도 했다.

그의 대표적인 저서로는 『과학과 생명』 『과학과 새로운 문명』 등이 있으며, 1953년 12월 19일 사망하였다.

2004년 3월 22일

팔레스타인 저항 운동 무장 단체 하마스의 창설자 야신 피살

2004년 3월 22일 하마스의 지도자 셰이크 아메드 야신(Sheikh Ahmed Yassin : 1937~2004)이 피살되었다.

야신은 1937년 지중해 연안의 가난한 마을 알조우라에서 태어났으며, 12세 때의 사고를 당해 척추를 다쳤다. 이때 야신은 팔다리에 장애가 생겼으며, 이후 일생을 휠체어 위에서 지내야만 했다.

어린 시절부터 가자 지구에서 난민 생활을 했던 그는 1958년에 초등학교 교사가 되었으나, 1965년부터 반이스라엘 투쟁에 뛰어들었다.

1987년, 야신은 팔레스타인 점령지를 중심으로 반이스라엘 투쟁의 이슬람 원리주의 조직 '하마스'를 창설해 무장 게릴라 활동을 시작했다. 21세기에 들어 이스라엘이 팔레스타인 가자 지구를 향해 보다 강경한 입장을 취하자, 야신과 하마스는 더욱더 큰 민중의 지지를 얻게 되었다.

그러나 2004년 3월 22일, 가자 지구의 모스크에서 새벽 예배를 마치고 나오던 야신은 이스라엘의 샤론 총리가 지시한 이스라엘군의 로켓포 공격으로 피살되고 말았다.

3월 23일

1964년 3월 23일

남북문제 해결을 위한
제1회 국제 무역 개발 회의 개최

우리나라에서 일하고 있는 외국 노동자를 보아도 알 수 있듯이 세계적으로 1년에 6,300만 명 정도의 사람들이 모국을 떠나 외국으로 이주한다. 이는 주로 임금의 차이 때문에 이주하는 것이지만, 그 속을 들여다보면 힘 있는 선진국의 힘이 그들을 누르고 있기 때문이다.

　　1959년 12월 영국 로이드 은행의 총재 올리버 프랭크스(Oliver Franks : 1905~1992)는 "선진국과 후진국의 경제적 차이의 확대를 일컬어 '남북문제'라고 부를 수가 있다. 이것은 냉전으로 나타난 동서 대립과 함께 현대 세계가 직면한 2대 문제의 하나이며, 이제 세계의 중심 문제는 동서문제에서 남북문제로 이동했다."라는 발언을 통해 세계 최초로 '남북문제'라는 표현을 사용하였다.

　　남북문제란 북반구에 위치한 선진 공업국과 적도 및 남반구에 위치한 개발 도상국 사이에서 발생한 국가 발전 · 소득 격차를 일컬으며, 이에 대한 보다 근본적인 원인이 국제 정치 · 경제의 구조적 문제에 있음을 내포한다.

　　남북문제의 발생 기원은 유럽의 식민지 정책 시기로 거슬러 올라갈 수 있으며, 이것은 자본주의 발생과 흐름을 같이한다.

　　1492년, 이른바 콜럼버스의 '신대륙 발견'이 있었다. 이후 유럽 국가들은 '신대륙'의 식민지 건설에 너나없이 뛰어들었다. 당시 영국을 포함한 유럽 국가들은 공업화를 시작하였고, 그 물건을 팔기 위해 아시아와 아프리카 그리고 라틴 아메리카에 식민지를 건설하였다. 또한 식민지의 모든 자원을 가혹하게 수탈했을 뿐만 아니라, 그들이 자립 발전할 수 있는 모든 길을 원천 봉쇄하였다.

　　산업 혁명기의 영국은 면공업이 발전하게 되자, 이전까지 세계 제1의 면제품 생산국이었던 인도에서 면제품 산업을 몰락시켰다. 그리고 인도를 면제품 산업국에서 면제품의 원료인 목화 재배 지역으로 바꾸었다.

　　제2차 세계 대전까지 남북문제는 주로 식민지와 그 지배국의 관계에 있었다. 남북문제가 본격적인 문제로 떠오른 것은 세계 대전이 끝난

1960년대 이후이다.

제2차 세계 대전이 끝난 후 식민 지배를 받던 국가들은 독립하게 되었고, 신생 독립국들은 민족의 경제적 성장을 위해 노력하였다. 그러나 선진국의 반열에 올라서 있던 지배 국가들과의 경제적 차이는 이미 엄청났으며, 이 차이는 시간이 지날수록 커져만 갔다.

개발 도상국들은 경제적 차이의 원인이 남북문제임을 인식하고 해결하기 위한 노력에 나섰다. 선진국들 또한 이 문제를 인정하고 상황 타개를 위해 노력하는 모습을 보였다.

1964년 3월 23일, 스위스 제네바에서 남북문제 해결을 위한 제1회 국제 무역 개발 회의가 개최되었다. 이 회의에서는 선진국 중심의 세계 무역 체제가 야기하는 남북문제의 상황과 근본적 해결 방안이 논의되었다.

선진국들이 제네바의 국제 무역 개발 회의에 참여한 이유는 국제 무대에서 개발 도상국의 발언권이 강화된 영향도 있었지만, 개발 도상국들이 꾸준히 발전해야만 선진 공업 국가의 물건을 내다 팔 수 있기 때문이었다.

회의 결과를 정리한 「프레비시 보고서」에는 '선진국은 개발 도상국에서 수출하는 농업 생산품에 대해 안정된 가격을 보장하고, 공업 생산품에 대해 특혜를 부여하며, 선진 공업국 국민 총생산의 1%를 개발 도상국의 개발 기금으로 제공한다'라는 내용이 담겨 있었다. 이것은 우리나라와 타이완, 멕시코, 터키 및 인도와 같은 신흥 공업국들의 성장 발판이 되었다.

그러나 기회를 부여받은 국가들은 공산주의 국가들과 대립하는 아시아와 라틴 아메리카 국가들뿐이었다. 사실상 선진국들의 특혜가 작용한 것이나 마찬가지였다. 이 국가들을 제외한다면 현재까지 남북문제 논의의 결과는 부정적이라 할 수 있다.

그러나 1973년의 석유 파동 이후, 전 세계적인 경제 위기가 발생하자 남북문제는 뒷전으로 밀려났다. 오히려 1980년대 이후로는 선진국들이 후진국들에게 시장 개방 압력을 넣고 있는 추세이다. 21세기를 맞이한 현재에는 남북문제를 거의 논의조차 하지 않기 때문에, 해결될 가능성이 더욱더 희박해졌다.

1910년 3월 23일

일본 영화감독 구로사와 아키라 태어나다

일본 영화 『라쇼몬』이 1951년 베니스 영화제에서 출품되자 서양인들은 감독의 뛰어난 수준에 깜짝 놀랐다.

그러나 더욱 놀란 것은 일본인들이었다. '일본에서 만든' '일본의 영화'가 유럽인들에게 감동을 주고, 더구나 그랑프리인 황금사자상을 수상했기 때문이다.

구로사와 아키라(黑澤明 : 1910~1998)는 일본이 낳은 세계적인 영화감독으로서, 일왕과도 비교되는 존재이다. 1950년 베니스 영화제에서 황금사자상을 수상한 구로사와 감독의 『라쇼몬羅生門』은 무사의 죽음을 놓고 무사의 아내, 무당, 나무꾼, 도적이 펼치는 서로 다른 주장을 통해 도덕적 가치와 진실, 주관적 진실과 리얼리티에 대해 질문을 던지는 영화였다.

　1910년 3월 23일 일본 도쿄에서 태어난 구로사와 아키라는 어린 시절 러시아 문학을 즐겨 읽었으며, 미술을 공부했다고 한다.

　그는 1936년, 조감독을 모집한다는 영화사의 공고를 보고는 즉시 취직하였다. 그가 감독으로서 데뷔한 작품은 33세인 1943년에 발표한 『스가타 산시로』였다.

　메이지 유신 시기를 배경으로 만든 이 영화는 '스가타 산시로'라는 청년이 유도를 배우면서 진정한 고수가 되어 가는 과정을 그린 것으로, 뛰어난 영상미를 갖추었으며 흥행에도 큰 성공을 거두었다. 구로사와는 이에 힘을 얻고 속편을 제작했지만 흥행에 참패하였다.

　구로사와 감독 최초의 걸작으로 평가되는 것은 1948년의 작품인 『주정뱅이 천사』이다. 그리고 1950년, 일본 영화를 처음으로 세계에 알린 영화 『라쇼몬』을 발표하였다.

　녹음이 우거진 숲 속.

　사무라이 다케히로가 말을 타고 자신의 아내 마사코와 함께 오전의 숲 속 길을 지나가고 있었다.

　그늘 속에서 낮잠을 자던 산적 다조마루는 마사코의 예쁜 얼굴을 슬쩍 보게 되었다. 다조마루는 마사코를 차지할 속셈으로 다케히로 부부 앞에 나타난다. 다조마루는 속임수를 써서 다케히로를 포박하고는 마사코를 겁탈한다.

　그리고 그날 오후.

　숲 속에 들어선 나무꾼은 사무라이 다케히로의 가슴에 칼이 꽂혀 있는 것을 발견하고 관청에 신고한다.

『라쇼몬』이 나오기 전까지도 일본에서는 미국에 비교해도 크게 뒤떨어지지 않을 만큼 많은 영화가 제작되었으며, 수준 높은 작품들도 더러 있었다. 그러나 해외에 알려진 작품은 단 하나도 없었다.

『라쇼몬』이 처음 개봉되었을 때에는 일본에서도 별다른 반향을 불러일으키지 못했다. 영화사 역시『라쇼몬』의 프로듀서를 좌천시킬 만큼 시큰둥한 반응을 보였으며, 구로사와 감독 역시 영화제에 출품하려는 생각은 해본 적조차 없었다.

그러던 어느 날, 일본을 방문 중이던 베니스 영화제 담당자가 구로사와에게 출품을 권하였다. 그리고 아무런 기대도 없이 출품하였던『라쇼몬』은 모두의 예상을 뒤엎고 베니스 영화제의 그랑프리인 황금사자상을 수상하였다.

『라쇼몬』수상에 자극을 받은 영화사는 기누가사 감독과 미조구치에게『지옥문』『우게쓰이 이야기』의 제작을 의뢰했으며, 이 영화들은 서양의 갖은 영화제를 휩쓸어 일본 영화의 전성기를 이룩하였다.

그 후 구로사와 아키라는 존 스터지스(John Sturges : 1911~1992) 감독에 의해『황야의 7인』으로 각색되었던 영화『7인의 사무라이』(1954)와 조지 루커스(George Lucas : 1944~) 감독이『스타워즈』를 구상할 때 영향을 미쳤던 영화인『은밀한 요새의 세 악인』(1958)의 메가폰을 잡았다. 또한『보디가드』(1961),『붉은 수염』(1965) 등의 작품들도 잇달아 발표하여 세계적인 영화감독으로 인정받게 되었다.

구로사와는 영화 제작비 등의 문제로 1971년 자살을 기도하기도 했다. 그러나 스스로를 구로사와 감독의 제자라고 일컬었던 조지 루커스와 스티븐 스필버그(Steven Spielberg : 1946~)가 주선하여, 구로사와 아키라는 미국의 20세기 폭스 사와 계약을 하게 되었다.

이것은 영화감독으로서 재약진의 기회였으며, 결국 구로사와는 1980년에 발표한 영화 『가케무샤』로 자신의 명성을 다시 확인하였다.

1990년에 아카데미 시상식에서 특별 명예공로상을 수상했던 구로사와 아키라는 1998년 9월 6일 뇌졸중으로 사망하였다.

1842년 3월 23일

프랑스 낭만주의 작가 스탕달 사망하다

단계 1 : 상대방의 외모에 감탄한다.

단계 2 : 키스와 같은 욕구가 생겨난다.

단계 3 : 희망이 생겨난다.

단계 4 : 사랑이 생겨난다.

단계 5 : 상대방에 대해 확신한다.

단계 6 : 회의와 의심이 생겨난다.

단계 7 : 다시 상대방을 확신한다.

-스탕탈, 『연애론』

'연애의 7단계'로 유명한 작가 스탕달(Stendhal : 1783~1842)은 1783년 1월 23일 프랑스의 그르노블에서 태어났다.

그는 1800년 이탈리아 원정군에 참가하였으며, 몰리에르(Molie`re : 1622~1673)를 동경하여 희극을 쓰려 하였으나 잘 풀리지 않았다.

1823년에는 '낭만주의의 선언문'이라 불리는 『라신과 셰익스피어』를 발표하였고, 1830년에는 그의 대표적인 작품 『적과 흑』을 출판하였다.

이 소설은 7월 혁명(1830) 전야의 프랑스 사회를 배경으로 야망에 찬 젊은이의 도전과 좌절을 그린 것으로, 한 사람의 위치가 능력과는 관계없이 가문과 돈에 의해 지배되는 사회의 모순을 비판한 작품이었다.

발자크(Honore de Balzac : 1799~1850)와 함께 19세기 프랑스를 대표하는 소설가로 평가받는 스탕달은 1842년 3월 23일 파리의 거리에서 뇌일혈로 쓰러져 세상을 떠났다. 그의 비석에는 '살았노라, 썼노라, 사랑했노라'라는 글귀가 새겨졌다.

1983년 3월 23일

레이건 대통령, 스타워즈 계획 발표

1983년 3월 23일, 미국의 40대 대통령이었던 로널드 윌슨 레이건(Ronald Wilson Reagan : 1911~2004)은 우주 지배 강화 전략에 대한 '스타워즈 계획'을 발표하였다.

그는 이 연설에서 전략 방위 구상을 밝히면서 "우주에 강력한 대규모 시스템을 구축해 소련의 미사일을 무용지물로 만들겠다."고 밝혔다. 이는 소련에서 대륙을 건너 미국으로 미사일을 쏴도 대기권 밖에서 레이저, 양성자 빔 등의 에너지 무기로 파괴하는 시스템을 구축하겠다는 계획이다.

레이건의 발표 후 전 세계에서 반대 여론이 크게 일어나고 일시적으로 스타워즈 계획의 예산이 줄어들기도 하였지만, 미국은 현재에도 여전히 이 계획을 실행 중인 것으로 밝혀졌다.

—

1912년 3월 23일

로켓 기술자 브라운 태어나다

—

미국의 로켓 기술자 베르너 폰 브라운(Wernher von Braun : 1912~1977)은 1912년 3월 23일 독일에서 태어났다.

그는 1936년부터 로켓 개발을 시작하였으며, 제2차 세계 대전 당시 런던을 공포로 몰아넣은 독일의 V-2 미사일 개발자 중 한 명이었다. 브라운은 전쟁이 끝나자 동료들과 함께 미국으로 건너가 미 항공 우주국 NASA에서 연구하였다.

그는 미국의 우주 개발 프로그램에 참여하여 새턴 로켓을 제작하였으며, 인류 최초로 달의 표면을 밟아 보았던 닐 암스트롱(Neil Armstrong : 1930~)은 브라운의 새턴 로켓을 타고 달에 도착할 수 있었다.

브라운은 그 후에도 유인 우주 프로그램인 머큐리와 제미니, 아폴로 계획 등에도 큰 영향을 끼쳤다. 나사에서 은퇴한 후 페어차일드 항공 우주 회사에서도 근속하였던 브라운은 1977년 6월 16일에 사망하였다.

—

1765년 3월 23일

영국 의회, 인지 조례 통과

—

1765년 3월 23일 영국 의회는 북아메리카 식민지에서 발행되는 증서 · 신문 · 광고와 같은 모든 인쇄물에 인지를 붙여야 한다고 의결하였다.

인지는 일정한 금액을 표시한 증표로 세금을 걷기 위한 방법의 하나이다. 영국의 인지 조례는 북아메리카에서 강제로 실시한 최초의 과세법이었다. 하지만 대의명분 없는 과세는 식민지의 자유에 대한 위협이라는 비난이 일었고, 식민지의 모든 지역에서 크게 반발하여 3개월 만에 폐지되었다.

그러나 한 번 시작한 식민지의 저항 열기는 식을 줄 몰랐고, 결국 3개월뿐이었던 인지 조례는 북아메리카 식민지 독립 운동의 발생 계기가 되었다.

—

2011년 3월 23일

세기의 미녀 배우 엘리자베스 테일러 사망하다

—

영국 출신의 배우 엘리자베스 테일러(Elizabeth Taylor : 1932~2011)는 할리우드의 가장 위대한 영화배우로도 손꼽힌다.

'세기의 미녀'라고 불렸던 테일러는 1932년 2월 27일 런던에서 태어났다. 그녀는 아름다운 미모와 연기력으로 대중을 사로잡았으며, 두 번에 걸쳐 아카데미 여우주연상을 수상하였다.

2011년 3월 23일 세상을 떠난 테일러의 대표작으로는 『누가 버지니아 울프를 두려워하는가』『지난 여름 갑자기』『클레오파트라』『쿼바디스』『말괄량이 길들이기』 등이 있다.

3월 24일

1882년 3월 24일

독일 세균학자 코흐, 결핵균을 발견하다

학창 시절부터 짝사랑한 여인과 결혼한 로베르트 코흐는 더없이 행복한 생활을 보내고 있었다.

서른 번째 생일 아침, 코흐는 아내에게 현미경을 선물받았다. 아내의 선물은 인류에게 큰 축복이었고, 코흐에게는 이혼의 씨앗이었다.

로베르트 코흐(Robert Koch : 1843~1910) 1843년 12월 11일 독일의 하노버에서 태어난 세균학자로, 1910년 5월 27일 바덴바덴에서 사망하였다. 그는 결핵균과 콜레라균 등을 발견하였으며, '코흐의 공리'를 제시해 인류가 전염병과 맞서 싸울 수 있는 발판을 마련한 인물이었다.

코흐는 여느 날과 마찬가지로 탄저병에 걸린 동물의 혈액을 뽑아 쥐에게 주사하였다. 그리고 다음 날 아침, 그는 이미 죽어 있는 쥐를 발견하였다.

코흐는 아내가 선물해준 현미경으로 쥐의 혈액을 살폈다. 혈액 안에는 알 수 없는 세균이 있었다. 그는 이 세균을 다른 동물에게 주입해 보았다. 결과는 역시 똑같았다. 탄저병은 탄저균에 의해 옮겨진다는 사실을 발견한 순간이었다.

1876년 코흐는 실험 결과를 학회에 발표하였고, '특정한 전염병은 특정한 병원체가 옮긴다'는 사실을 증명하는 원칙, 즉 '코흐의 공리'를 제시하였다.

코흐의 공리는 발표한 지 30년도 채 안 되어 카를 요제프 에베르트(Karl Joseph Eberth : 1835~1926)가 장티푸스균을, 헨리크 한센(Henrik Hansen : 1841~1912)이 나병균을, 프리츠 리하르트 샤우딘(Fritz Richard Schaudinn : 1871~1906)이 매독균을 발견할 수 있는 단초를 마련해 주었다. 코흐 역시 1882년 3월에는 결핵균을, 다음 해에는 콜레라균을 발견하였다.

코흐가 발견한 전염병은 세균, 리케차 등과 같은 병원체가 인체로 들어와 증식하여 발생하는 질병을 말한다. 병원체는 사람이나 동물 또는 모기와 같은 매개체를 통하거나 칫솔, 컵과 같은 비동물성 매개체를 통해 들어온다.

1880년대의 세균 사냥꾼이었던 루이 파스퇴르(Louis Pasteur : 1822~1895)와 코흐는 이후 전염병을 공격하기 시작하였다. 세균과의 전쟁이 시작된 것이었다.

역사적으로 볼 때 전염병은 인류사에서 큰 역할을 맡아왔다. B.C. 5세기 스파르타와 아테네의 전쟁에서 스파르타가 승리할 수 있었던 결정적 이유 중 하나는 전염병 때문이었다는 말도 있다. 왜냐하면 스파르타 군대에 쫓긴 아테네 사람들이 도시 한쪽에 몰려 살며 덥고 숨 막히는 생활을 지속해 전염병이 발생했기 때문이다. 자료에 따르면 이 5년간 아테네 인구는 $\frac{1}{3}$로 줄었다고 한다.

또한 아메리카 대륙을 유럽인들이 손쉽게 점령할 수 있었던 이유 역시 전염병 때문이었다. 아메리카 대륙에 아메리고 베스푸치(Amerigo Vespucci : 1454~1512)와 같은 유럽인들이 들어오기 전까지는 천연두란 전염병은 존재하지 않았다. 그러나 유럽인들의 침입과 함께 비극이 시작되었다.

면역력이 없던 원주민들은 천연두로 $\frac{1}{3}$ 이상이 사망하였다. 또한 운 좋게 병마를 이겨내 살아남더라도 시력을 잃거나 지체 부자유 상태가 되었다. 면역력 없는 집단에서의 천연두 사망률은 무려 90%에 달하기 때문이다.

이외에도 홍역, 발진 티푸스균 등이 유입되어 원주민 인구의 약 90%가 사망하는 참극이 벌어졌다. 당시 유럽의 정복자는 이렇게 표현하였다.

"신이 우리가 땅을 가질 수 있도록 청소해 주셨다."

20세기에는 러시아에도 발진 티푸스가 돌기 시작했고, 소련의 혁명가 레닌은 이같이 선언했다.

"우리에겐 두 가지 길이 있다. 사회주의가 발진 티푸스를 물리치거
나, 발진 티푸스가 사회주의를 좌절시키는 것이다."

'코흐의 공리'가 발표된 지 1세기쯤 흘러간 1969년, 미국의 공중위생
국장 윌리엄 스튜어트는 자신 있게 외쳤다.

"전염병, 이제는 끝이 보인다!"

그러나 1997년 4월, 세계 보건 기구wHO는 이런 표어를 내걸었다.

전염병이 다시 찾아왔다. 관심과 대응을!

스튜어트의 말이 끝난 지 20년도 채 못 되어 전염병이 부활한 것이
었다. 1980년대가 시작될 무렵 미국의 뉴욕과 캘리포니아에서는 원인
을 찾아낼 수 없는 환자들이 나타났다. 이 환자들은 대부분 남성 동성
애자들이었기 때문에, 매스컴은 이 병을 '동성애자 암'이라고 소개하였
다. 그리고 이 전염병은 1982년 '에이즈AIDS'라는 공식 명칭이 붙었다.

왜 과거에는 없었던 에이즈와 같은 전염병이 발생하는가? 정확한 원
인을 밝혀내기 힘들지만 분명한 것은 바로 인간의 과도한 욕심이 주원
인 중 하나라는 사실이다.

20세기 후반, 지구의 허파 역할을 하던 아프리카의 밀림은 사라져 가
기 시작했다. 인간은 수많은 나무를 베어 냈고, 이전까지 알지 못한 생
물들과 접촉하게 되었다. 아프리카로 보급된 주사 바늘은 다시 사용되
어 병을 옮겨 갔다.

인간의 무차별적인 생태 파괴, 식생활의 변화, 여행의 증가, 세계화,
공중 보건 의식 결핍 등은 세균들에게 좋은 서식지를 제공하였다.

코흐가 결핵균을 발견한 지 100년 후, 인간은 스스로의 욕심으로 말

미암아 새로운 질병을 맞이하게 되었으며 지금도 여전히 많은 의사들
과 과학자들은 전에 없던 질병을 퇴치하기 위해 꾸준히 연구하고 있다.

1995년 3월 24일

영국 과학 사학자 니덤 사망하다

중국 원나라의 지리학자 주사본은 아주 먼 지역에 대해 매우 신중하였다.
14세기 유럽과 아랍의 지도는 아프리카의 끝이 동쪽을 향하고 있었다. 그
러나 동시대의 주사본은 이미 아프리카 대륙이 삼각형 모양인 것을 알고
있었으며, 그의 지도에서 아프리카의 끝은 남쪽을 가리키고 있었다.

-니덤,『중국의 과학과 문명』

조지프 니덤(Joseph Needham : 1900~1995)의『중국의 과학과 문명』이
출판되자 유럽의 지식인들은 혼돈에 빠졌다. '중국에는 과학이 없었다'
라는 그들의 상식이 부서지는 순간이었기 때문이다.

1900년 12월 9일 영국 런던에서 태어난 그는 케임브리지 대학교에
서 생화학을 전공했으며 2차 대전 종전 후에는 유네스코의 자연 과학
부장을 지내기도 하였다.

니덤은 1937년 런던에 유학 중이었던 중국 학생들을 만나면서 중국
에 관심을 가지기 시작했다. 1942년에는 영국 문화원이 이끄는 과학
자문단으로 참가하여 4년 동안 중국에 머물렀다.

이후 영국으로 돌아온 니덤은 1948년부터『중국의 과학과 문명』을
쓰기 시작했다. 이외에도『발생 화학』『중국의 학자와 장인』등을 출판

하였고, 1986년에 출간한 『서운관의 천문 기구와 시계』는 우리나라의 과학을 서양에 알린 책이었다.

『중국의 과학과 문명』은 근대 이전의 중국 과학과 기술에 관한 모든 분야를 다루고 있다. 이 책은 고대 그리스의 과학 기술에서 출발하여 뉴턴이 이룩한 과학 혁명의 시대를 지나 현대에 이르는 동안 서양인들이 가져왔던 동양에 대한 우월감이 왜곡된 편견이었다는 사실을 일깨워 주었다. 또한 수백 년 전까지만 해도 중국의 과학 기술은 서양보다 앞선 부분이 많았으며, 유럽의 과학 발전에도 큰 영향을 끼친 사실을 알려 주었다.

하지만 『중국의 과학과 문명』은 많은 문제점이 있는데, 우선 니덤은 역사학자가 아니었기 때문에 현대 서양 과학자의 입장에서 중국의 과학을 바라보았다는 점을 들 수 있다. 또 동양의 모든 과학 기술이 중국에서 나왔다고 하는 시각도 문제시되고 있다. 예를 들어 우리나라에서 만든 측우기와 인쇄술이 모두 중국에서 만들어 보낸 것이라고 설명하는 것 등이다.

케임브리지 대학 교수이자 박물학자, 과학사가, 동양학자로 활동했으며 영국 왕립 학회의 회원이기도 하였던 니덤은 1995년 3월 24일에 사망하였다. 그러나 생전에 그가 제기하였던 "왜 중국에서는 과학 혁명이 일어나지 않았는가?"라는 질문은 이후 많은 학자들에게 영향을 미쳐 서구 중심의 세계관이 지닌 한계성에 의문을 갖게 만들었다.

1998년 3월 24일

영화 『타이타닉』 아카데미 11개 부문 수상

아카데미 감독상을 받은 제임스 카메론 감독은 "나는 세계의 왕이다."라는 말로 수상 소감을 밝혔다. 이것은 영화 『타이타닉』의 대사 가운데 한 대목 이었다.

1912년 4월 10일, 세계 최대 규모와 아름다움을 자랑하는 호화 여객 선 타이타닉 호가 출항하였다. 영화의 주인공 잭과 로즈는 배 안에서 사랑에 빠졌지만, 타이타닉 호는 항해 도중 빙산에 부딪혀 1,513명의 사망자를 내고 북대서양으로 가라앉았다. "신도 이 배는 침몰시키지 못 할 것"이라는 자부심에 가득 찼던 타이타닉은 그렇게 사라졌다.

제임스 카메론(James Cameron : 1954~) 감독은 영화 『타이타닉』의 제 작에 3억 달러 가까운 제작비를 들였다. 그러나 영화는 전 세계적으로 흥행에 성공하였고, 10억 달러라는 천문학적인 수익을 올렸다.

'적당한 로맨스와 재난의 재현을 돈으로 버무린 상업 영화'라는 혹평 도 받았던 『타이타닉』은, 1998년 3월 24일 제70회 아카데미상 14개 부 문 후보에 올라 감독상을 포함하여 무려 11개 부문의 아카데미상을 거 머쥐었다.

1603년 3월 24일

영국 여왕 엘리자베스 1세 사망하다

1603년 3월 24일 엘리자베스 1세(Elizabeth Ⅰ : 1533~1603)의 죽음으로 절대 군주를 자랑했던 튜더 왕조는 영국 역사에서 사라지게 되었다.

영국의 황금기를 이룩했던 엘리자베스 1세는 1533년 9월 7일 태어나 1558년에 왕위에 올랐다. 그러나 그녀의 어머니 앤 불린은 사형당하였으며, 여왕 또한 공주 시절에는 오랜 시간 동안 런던탑에 갇혀 지내는 등 왕위에 오르기까지 기나긴 인고의 세월을 감내해야만 했다.

왕위에 오른 엘리자베스 1세는 에스파냐 왕 펠리페 2세(Felipe Ⅱ : 1527~1598)의 청혼을 물리치고 평생 독신으로 살았으며, 스스로 국가와 결혼했다고 말하였다.

엘리자베스 1세 당시의 영국은 스페인 무적함대 아르마다를 물리치고 동인도 회사를 설립하였으며, 수장령과 통일령을 부활시키는 등 절대 군주 시대의 정점을 찍었던 시기였다.

1884년 3월 24일

미국 물리 화학자 디바이 태어나다

미국의 물리학자 페터 요제프 빌헬름 디바이(Peter Joseph Wilhelm Debye : 1884~1966)는 1884년 3월 24일 네덜란드에서 태어났다.

디바이는 취리히 대학교 등에서 교수로 지내다 1940년 미국으로 건너갔다. 이후 미국에서 코넬 대학교의 화학과 교수로 재직하였으며, 1936년 분자 구조에 대한 연구로 노벨 화학상을 받았다.

'디바이의 비열식'이라는 연구로 양자론 연구에도 기여한 바 있는 그는 1966년 11월 2일에 사망하였다.

2002년 3월 24일

아카데미, 사상 최초 남우주연상 · 여우주연상 흑인 배우들이 수상

2002년 3월 24일, 아카데미 사상 최초의 이변이 벌어졌다. 이날 있었던 아카데미 시상식에서 남우주연상과 여우주연상을 흑인 배우들이 동시에 수상했기 때문이었다.

여우주연상은 영화 『몬스터스볼』의 할리 베리(Halle Berry : 1966~)가, 남우주연상은 『트레이닝 데이』의 덴젤 워싱턴(Denzel Washington : 1954~)이 수상했다. 영화사에 있어 새로운 역사를 쓰게 된 날이었다.

1999년 3월 24일

북대서양 조약 기구, 코소보 공습 시작

1999년 3월 24일, 북대서양 조약 기구NATO의 평화 유지군과 미국이 유고슬라비아 공습을 시작했다. 유고슬라비아의 코소보 자치주로 향한 이들은 '발칸의 도살자'라 불렸던 밀로셰비치에 대한 공격을 감행하였다.

유엔 안전 보장 의사회의 결의 없이 시작된 이 공습은 세르비아계 유고슬라비아인들의 알바니아계에 대한 대대적인 학살을 막기 위해서였다.

당시 유고슬라비아의 대통령이었던 슬로보단 밀로셰비치는 세르비아 민족주의를 주장하며, 대대로 그곳에서 살았던 알바니아계 이슬람교도 주민 약 100만 명을 고향에서 내쫓았다.

또한 1998년에도 '코소보의 인종 청소'라고 불렸던 코소보 내의 알바니아인 대량 학살로 인해, 나토를 비롯한 여타 유럽 국가들에게 철군을 요구받은 바 있었다.

공습이 2개월 남짓 지난 6월 3일, 유고슬라비아는 드디어 나토의 조건을 받아들이고 코소보에서 철군하였다. 그리고 발칸의 도살자 밀로셰비치는 유엔 국제 전범 재판소에 기소되어, 네덜란드의 유고 국제 전범 재판소에 투옥되었다.

* 2006년 3월 11일 '발칸의 도살자 밀로셰비치 사망하다' 참조

3월의
모든 역사

3월 25일

1867년 3월 25일

이탈리아 지휘자 토스카니니 태어나다

어느 날 토스카니니는 최고의 인기를 누리던 가수 제랄딘 팔라와 심한 말다툼을 벌였다. 팔라는 이렇게 소리쳤다.

"나는 스타란 말이에요, 이 따위 멍청한 지시는 하지 마세요."

그러자 토스카니니가 대꾸했다.

"스타? 스타라고요? 별빛이 달빛에 이기는 거 봤습니까?"

이탈리아가 자랑하는 지휘자 아르투로 토스카니니(Arturo Toscanini : 1867~1957)는 1867년 3월 25일 이탈리아의 파르마에서 태어났다.

그는 원래 가난한 양복공의 아들이었다. 경제적 여유가 없었던 그는 파르마 음악원과 밀라노 음악원에서 지휘가 아니라 첼로를 공부하였으며, 이후 오케스트라 단원으로 취직하였다.

그러나 1886년, 그는 오케스트라 첼리스트에서 지휘자로 거듭나는 기회를 맞이하게 되었다. 브라질에서 베르디의 오페라 『아이다』를 공연할 때였다. 오페라단과 오케스트라단 사이에 불화가 발생하자 갑자기 지휘자가 지휘봉을 던지고 나가 버린 사건이 발생한 것이었다.

공연을 준비하던 단원들은 갑작스런 일에 어찌할 바를 몰랐고, 급한 대로 부지휘자에게 지휘를 맡겼다. 그러나 얼떨결에 지휘를 맡았던 부지휘자가 악보의 흐름을 따라가지 못하자 관중들은 공연 중에 심한 야유를 보내며 소란을 피웠다. 관중들에게 입장료를 돌려줘야 할 상황에 몰린 것이다.

이때 오페라단은 순간 토스카니니를 떠올렸다. 첼리스트였던 토스카니니는 지독한 근시 때문에 언제나 모든 악보를 암보해 두었다. 단원들은 『아이다』의 모든 부분을 꿰고 있는 토스카니니라면 지휘가 가능할 것이라고 판단하였고, 그에게 지휘봉을 넘겼다. 그리고 열아홉 살의 아르투로 토스카니니는 지휘대에 올라 『아이다』를 지휘하게 되었다. 불멸의 지휘자로서 토스카니니의 신화가 시작된 순간이었다.

토스카니니는 1892년 『팔리아치』의 초연을, 1896년 『라보엠』의 초연을 지휘하였다. 또 그는 이탈리아에 바그너의 음악을 소개하기도 했다. 1908년에는 마침내 밀라노 스칼라좌의 음악 감독이 되었다.

이후 토스카니니는 세계 유수 오케스트라의 지휘자와 음악 감독을

역임하였으며, 70세에는 NBC 교향악단의 지휘를 맡기도 했다. 또한 90세가 되었을 때에 앞으로 10년간의 계획을 세워 놓기도 하였다.

토스카니니는 음악과 무대 매너가 매우 엄격하기로 유명한 지휘자였다. 모든 연주가 끝나기 전에 앙코르를 받으면 손사래를 저었고, 모자를 쓴 채 음악회장에 들어오는 청중은 모두 쫓겨났으며, 관객들은 공연이 시작되기 전에 착석해야만 했다. 리허설 때 단원들의 연주가 마음에 들지 않으면 고래고래 소리치고, 보다 완벽히 연주할 것을 요구하기도 했다.

이 때문에 그의 연주자들은 최고의 연주를 할 수 있게 되었으며, 사교 모임적인 성격이 짙던 클래식 음악은 예술로서 다시 한 번 대접받는 계기가 되었다.

그의 지휘 철학은 작품을 객관적 입장에서 바라보는 것이었다. 즉 지휘자의 생각보다는 작곡자가 표현하고자 했던 의도를 충실히 따라야 한다는 것이었다.

토스카니니는 베르디의 오페라 무대를 지휘하며 데뷔했고 베토벤 교향곡 지휘에서 독보적인 위치를 차지하였다. 그럼에도 그는 독일과 이탈리아의 오케스트라만은 지휘하지 않았다. 이탈리아의 파시스트 집권과 독일의 나치 집권에 대한 거부감을 드러내는 예술가로서의 소신이었던 것이다.

1957년 1월 16일, 모든 음악가들에게 절대적인 존경을 받았던 20세기 최고의 지휘자 토스카니니는 미국 뉴욕에서 숨을 거두었다.

1957년 3월 25일

유럽 경제 공동체EEC 창설을 위해 로마 조약 체결

1957년 3월 25일 이탈리아 · 서독 · 프랑스 · 네덜란드 · 벨기에 · 룩셈부르크 등 유럽 6개국 관계자들은 이탈리아 로마에 모여 유럽 경제 공동체(EEC : European Economic Community) 창설을 위한 로마 조약(유럽 경제 공동체 조약)을 체결하였다.

이들이 발전시키고자 노력했던 유럽 통합의 목표는 경제 통합을 수단으로 한 정치 통합이었다. 그리고 이듬해인 1958년 1월 1일 EEC는 정식으로 출발하였다.

1959년 1월부터는 회원국 사이의 관세를 인하하기 시작했고, 1968년 7월에는 회원국 사이의 모든 관세가 폐지됐다. 이후 1973년에 영국 · 아일랜드 · 덴마크, 1981년에 그리스, 1986년에 스페인과 포르투갈이 가입하였다.

그 후 유럽은 유럽공동체EC, 유럽연합EU으로 발전하게 되었다.

1918년 3월 25일

프랑스 작곡가 드뷔시 사망하다

프랑스의 인상주의 작곡가 클로드 드뷔시(Claude Debussy : 1862~1918)는 1862년 8월 22일 생제르맹에서 태어났다.

그는 파리 음악원에서 피아노를 전공하였고, 1884년 「돌아온 탕자」
를 작곡하여 로마 대상을 받으면서 작곡가로서 화려한 출발을 하였다.

바그너의 음악에 깊이 빠져든 그는 상징주의 시인 말라르메에 심취
하기도 했다. 「목신의 오후에의 전주곡」을 작곡한 것은 그 때문이다.

인상주의 화가들이 빛을 중요하게 생각한 것과 마찬가지로 드뷔시는
음악에서 감각에 집중했다. 자유로운 음계와 대위법이 그가 사용한 방
법이었다.

드뷔시는 제1차 세계 대전이 끝날 무렵인 1918년 3월 25일 파리에서
사망하였다. 주요 작품으로 관현악곡인 「목신의 오후에의 전주곡」 「바
다」, 피아노 모음곡인 「이베리아」, 피아노 곡집 「판화」, 오페라 「펠레아
스와 멜리장드」 등을 남겼다.

2002년 3월 25일

아프가니스탄, 진도 6.0의 강진 발생

2002년 3월 25일, 아프가니스탄 북부 나린 시에서 진도 6.0의 강진이
발생하여 나린 시의 90% 이상이 파괴되었다. 지진으로 인해 6,000여
명의 사상자와 2만여 명의 이재민이 발생하였다.

3월 26일

1971년 3월 26일

방글라데시, 독립을 선언하다

행복한 비결은 멀리서 찾을 필요가 없다.

가난 속에서도 이들은 높은 꿈을 갖지 않고 현실에 만족하며 작은 것에 기뻐한다. 또한 가족과 친구, 이웃 간에 묻어나는 진한 사랑 속에서 안정감을 느끼고 이것이 삶의 행복으로 이어진다.

-『슈피겔』「행복 보고서」

언젠가 독일 『슈피겔』 지에서 세계 여러 나라 사람들의 행복지수를 조사한 결과를 발표한 적이 있다. 놀랍게도 세계에서 가장 행복한 사람들은 세계에서 가장 가난한 나라인 방글라데시 사람들이었다. 그에 반해 우리나라와 미국 등의 선진국은 하위권에 머물렀다.

인도 동쪽 벵골 만 지역에 있는 방글라데시는 한반도 $\frac{2}{3}$정도의 면적에서 남한 인구의 세 배가 넘는 1억 2,700만 명이 살고 있다. 우리나라의 인구 밀도가 $1km^2$에 450명 정도인데 비해 방글라데시는 750명이나 된다.

기후는 무덥고 습기가 많다. 특히 4월 중순에서 6월 중순까지는 몬순 기후가 나타나는데, 홍수로 온 나라가 물에 잠길 정도이다. 주식은 우리나라와 마찬가지로 밥을 먹는다. 다만, 쌀을 쪄서 다시 건조시킨 후 밥을 짓는다는 점이 다르다.

방글라데시의 종교는 이슬람교가 83%, 힌두교가 16%를 차지한다. 하지만 이슬람교가 국교로 지정되어 있기 때문에 기후에 상관없이 여자들은 발목까지 내려오는 치마를 입어야 한다. 반소매 옷을 입을 수는 있으나 바지는 안 되며, 외국 여성도 마찬가지이다. 하지만 중동 국가들처럼 차도르로 얼굴 전체를 가리지는 않는다.

방글라데시에는 B.C. 6세기경부터 아리안족과 드라비다족이 벵골인을 형성하였다. B.C. 5세기 중엽에 불교가 전파된 후 A.D. 4세기까지 융성하였고, 일시 쇠퇴기를 거쳐 8세기에 다시 불교의 전성기를 이루었다. 그러나 13세기 초에 터키의 이슬람교도가 침입하여 이슬람교 왕조를 수립하였다.

이후 1757년에 영국이 방글라데시 지역을 포함한 인도 전역을 지배하였다. 그러나 영국이 식민 통치하면서 힌두교 우대 정책을 펼치자 19

세기 초에 이슬람교 부흥 운동이 일기 시작했다. 20세기에 이르자 이 운동은 벵골 지역 전체로 확산되었다.

결국 제2차 세계 대전이 끝난 1947년 8월, 현재의 방글라데시 지역은 파키스탄의 일부인 동파키스탄으로 독립했다. 하지만 서파키스탄 정부가 동파키스탄 지역을 차별하자 언어와 종족이 다른 동파키스탄에서는 다시 분리, 독립 운동이 일어났다.

셰이크 무지브 라만(Sheikh Mujib Rahman : 1920~1975)은 벵골의 독립을 위해 아와미 연맹을 만들고 서파키스탄에 대항하였고, 1970년에 파키스탄 내전으로 확대되었다. 서파키스탄은 무력으로 이들을 진압하였으나 결국 이듬해인 1971년 3월 26일에 파키스탄에서 독립하여 방글라데시가 건국되었다.

1972년 12월에 헌법을 제정하였으며, 1991년에는 대통령 중심제에서 의원 내각제로 개헌하였다. 그러나 독립 이후 경제난과 부패로 여러 차례의 군부 쿠데타가 일어났다.

방글라데시는 대외적으로 중립의 입장을 취하고 있다. 특히 한반도 문제에 관하여는 미국, 중국, 러시아, 일본 등 강대국과의 민감성 때문에 더욱 중립적인 입장에 서 있다.

1976년 3월 26일

중국 문학가 린위탕 사망하다

청년 시절에 책을 읽는 것은 문틈으로 달을 바라보는 것과 같고, 어른이 되어 책을 읽는 것은 자기 집 뜰에서 달을 바라보는 것과 같다. 늙어서 책을 읽는 것은 하늘 아래 정자에 서서 달을 바라보는 것과 같다.

-린위탕

중국의 비평가이자 문학가로 저명한 린위탕(林語堂 : 1895~1976)은 1895년 10월 10일 중국 푸젠 성에서 태어났다.

아버지가 교회 목사였기 때문에 엄격한 기독교 교육을 받았으며, 대학도 상하이의 성 요한 대학교를 다녔다. 1919년에는 미국 하버드 대학교에 들어가 언어학을 공부하였고, 독일에서도 유학 생활을 하였다. 1923년에 귀국한 뒤 베이징 대학교의 영문학 교수가 되어 음운학 연구를 하며 평론들을 발표하였다.

1936년, 중국이 정치적으로 매우 혼란한 시기에 그는 뉴욕으로 건너갔다. 그리고 이때부터 영문으로 많은 글을 발표하기 시작했다. 그중 하나가 바로 우리에게도 널리 알려진 『생활의 발견』이다. 그는 이 책에서 어떻게 살아야 행복한 인생이 될 수 있을지 살아가며 느껴 왔던 것들을 담담하게 써 내려갔다.

달과 함께 구름을 걱정하고, 책과 함께 좀벌레를 걱정하며, 꽃과 함께 폭풍우를 걱정하고, 재주 많은 사람과 함께 가혹한 운명을 걱정하는 것은 부처님의 자비심을 지닌 사람이다.

생활 속의 철학을 강조한 그는 중국을 대표하는 지성으로 꼽힌다. 반면에 자신이 살던 시기 중국의 현실에 대해서는 눈을 감았던 현실 도피자로 비판을 받기도 한다.

그는 『나의 국토 나의 국민』『베이징 호일』『폭풍 속의 나뭇잎』등의 저서를 남기고, 1976년 3월 26일 사망하였다.

음악의 성인 베토벤 사망하다

악성, 즉 '음악의 성인'이라 일컫는 루트비히 판 베토벤(Ludwig van Beethoven : 1770~1827)은 독일의 대표적인 고전 음악가이다. 고전 음악의 완성자이자 낭만 음악의 선구자로 불린다.

베토벤은 1770년 12월 17일 독일의 작은 도시 본에서 태어났다. 어린 시절부터 피아니스트로 활약하였으며 작곡 공부를 병행하였다. 그러나 1796년, 음악가로서는 치명적인 문제가 그에게 발생했다. 청력에 이상이 생긴 것이다. 이 시기의 베토벤이 동생에게 남긴 편지는 그의 심경을 대변하고 있다.

나의 아우 카를과 요한에게…….

내 옆에 서 있는 사람은 멀리서 연주하는 플루트를 듣고 있는데 나는 아무것도 들을 수 없고, 시원한 목동의 노랫소리마저도 들을 수 없을 때, 나는 거의 절망에 빠져 우울한 나날을 보냈다.

그때 나를 구해준 것은 예술뿐이었다. 나에게 내려진 모든 창작을 완성하기까지는 꿋꿋이 살아가겠노라 다짐했다.

베토벤은 장애에 굴하지 않고 현악 4중주, 피아노 소나타, 교향곡, 협주곡 등 다양한 종류의 수많은 작품들을 발표했다. 피아노 소리를 공명으로라도 느끼기 위해 막대기를 입에 물고 피아노 공명판에 대어 가며 작곡했다는 일화는 매우 유명하다.

1814년 무렵 그는 더 이상 귀가 들리지 않게 되었다. 이후로 그는 필담을 나누었다. 이것은 대화록으로 남아 그의 생각을 연구하는 데 중요한 자료가 되고 있다.

베토벤은 인간의 자유와 존엄을 추구하며 프랑스 혁명의 자유 · 평등 · 박애 정신을 음악으로 표현하고자 했던 인물이다. 1827년 3월 26일 오스트리아 빈에서 숨을 거두었으며, 9개의 교향곡과 32개의 피아노 소나타, 변주곡 그리고 다양한 소품들과 협주곡, 오페라 등을 남겼다.

한편 노벨 문학상을 수상한 프랑스의 작가 로맹 롤랑은 저서 『베토벤의 생애』『장 크리스토프』를 통해 베토벤의 예술혼을 글로 되살려 내기도 했다.

―

2000년 3월 26일

블라디미르 푸틴, 러시아 대통령에 당선되다

―

보리스 옐친의 사임으로 대통령 권한 대행을 맡았던 블라디미르 블라미로비치 푸틴(Vladimir Vladimirovich Putin : 1952~)이 2000년 3월 26일 러시아 제3대 대통령으로 당선되었다.

1952년 10월 7일 소련의 레닌그라드(오늘날의 상트페테르부르크)에서 태어난 푸틴은 레닌그라드 국립 대학교에서 법학을 전공한 뒤 KGB(소련 국가 보안 위원회)에서 15년간 재직하였다.

1990년 상트페테르부르크의 시장 소프차크의 보좌관, 1994년에는 상트페테르부르크 시의 부시장이 되었으며, 1996년 모스크바로 옮겨와 크렘린 행정 책임자 보로딘의 보좌관으로 활동했다.

이때 러시아 대통령이었던 옐친의 눈에 띄어 1998년 연방 보안국의 책임자가 되었으며, 1999년 옐친의 지명으로 러시아 총리가 되었다. 그리고 같은 해 12월 31일 옐친의 사임으로 총리로서 대통령 권한 대행을 하게 되었다.

2000년 대선 당시 푸틴은 러시아 재건을 공약으로 내세워 53%라는 높은 지지율로 대통령에 당선되었고, 2004년에도 압도적인 지지율로 연임에 성공하였다.

그리고 2008년의 대통령 선거에서 푸틴은 드미트리 메드베데프(Dmitry Medvedev : 1965~)를 내세워 대통령으로 당선시켰다. 이후 푸틴은 총리로 임명되어 러시아 역사상 최초의 전임 대통령 출신의 총리가 되었다.

1874년 3월 26일

미국 시인 프로스트 태어나다

미국의 시인 로버트 리 프로스트(Robert Lee Frost : 1874~1963)는 1874년 3월 26일 미국 샌프란시스코에서 태어났다. 그는 어려서 농장 일을 도우며 틈틈이 공부해 하버드 대학교에 들어갔으나 중퇴하고 다시 농장으로 돌아왔다.

1912년 영국으로 건너가 3년 뒤 첫 번째 시집 『소년의 의지』를 발표하였다. 그리고 다시 미국으로 돌아온 그는 농촌에서 머물면서 「뉴햄프

셔」「개척지에서」와 같은 시를 썼다. 그는 소박한 농촌 생활과 자연을 노래해 현대 미국 시인 가운데 가장 순수한 고전적 시인으로 꼽힌다.

1963년 1월 29일 사망하였으며, 『소년의 의지』『보스턴의 북쪽』『개척지에서』 등의 저서를 남겼다.

1859년 3월 26일

영국 시인 하우스먼 태어나다

앨프리드 에드먼드 하우스먼(Alfred Edward Housman : 1859~1936)은 1859년 3월 26일 영국 우스터셔에서 태어났다.

그는 옥스퍼드 대학교에 들어갔으나 기말 시험에서 불합격해 학위를 받지 못했다. 이후 특허청 공무원이 되어 10년 동안 일을 하면서 대영박물관에서 꾸준히 자신만의 학문을 쌓았다. 1892년 이후 런던 대학교와 케임브리지 대학교에서 라틴어를 강의하였다.

그는 『슈롭셔의 젊은이』『최후의 시집』『습유집拾遺集』 등의 시집을 통해 간결하고 고전미 넘치는 서정시를 빚어냈다.

1936년 4월 30일 세상을 떠났다.

3월 27일

1893년 3월 27일

독일 사회학자 카를 만하임 태어나다

맥도널드는 세계 최대의 햄버거 회사이다. 이 회사를 통해 생산된 햄버거는 수많은 사람들의 배를 부르게 하고 있다.

그러나 사회학적 관점에서 볼 때, 맥도널드는 수많은 사람들을 굶주리게 만들기도 한다. 어째서일까?

맥도널드는 미국에서 수확한 감자 12개 중 1개를 구입하며, 소고기 역시 가장 많이 사들이고 있다. 소고기를 많이 소비하는 미국에서는 소의 사료 역시 많이 필요하다. 그런데 후진국은 천연자원과 농산물이 주요 수출품일 수밖에 없다.

후진국에서 수출한 곡물은 미국에 들어와 소의 사료가 된다. 이 때문에 후진국 아이들은 식량이 모자라 굶게 된다.

독일 사회학자였던 카를 만하임(Karl Mannheim : 1893~1947)은 1893년 3월 27일 헝가리 부다페스트에서 태어났다. 그는 헝가리에서 철학을 공부한 후 1912년 독일로 유학을 떠나 하이델베르크 대학교 등에서 연구하였다. 1933년까지 독일에서 사회학 교수로 지낸 뒤 나치의 박해를 피해 영국 런던 대학교로 가 사회학을 가르치며 여생을 보냈다.

그는 '지식사회학'이라는 사회학의 새로운 분야를 널리 소개하였다. 지식사회학이라는 말은 1920년대 독일의 철학자 막스 쉘러가 처음 사용하였는데, "인간의 의식은 그가 속한 사회에 의해 결정된다"는 마르크스의 설명에 기초하고 있다.

사회학은 인간과 사회와의 관계를 과학적으로 연구하려는 학문이다. 학문이라는 틀 안에서 보면 순수 학문에 속한다. 순수 학문은 인문과학, 사회과학 그리고 자연과학으로 나눌 수 있는데, 이 중 사회학은 사회과학에 속한다. 그리고 지식사회학은 사회학 중에서도 경제사회학, 정치사회학과 같은 특수 사회학 분야에 속한다.

사회학은 19세기 유럽에서 출발하였다. 당시에 유럽은 프랑스 혁명과 산업 혁명을 거치면서 중세적인 봉건 체제가 무너지고 있었다. 너무 빨리 변화하는 세상을 좀 더 과학적이고 체계적으로 이해하고자 하는 욕구가 발생하였던 것이다.

당시 유럽에는 자연과학이 유행하였는데, 사회 현상도 자연 현상을 연구하는 방법과 크게 다르지 않을 것이라는 가정 아래 실증적인 연구가 시도되었다.

이 시도를 처음으로 한 사람은 프랑스의 철학자 콩트(Auguste Comte : 1798~1857)였다. 그는 '사회학'이라는 용어를 만들어 냈으며, 사회 현상을 과학적으로 연구하면 수많은 혼란을 극복할 수 있을 것이라 예상했다.

카를 하인리히 마르크스(Karl Heinrich Marx : 1818~1883)는 사회학 성립에 큰 공헌을 한 사람이었다. 그는 사회에는 항상 긴장과 갈등이 있어 왔으며, 사회 변동은 이러한 갈등을 통해 일어난다고 생각했다.

프랑스의 사회학자였던 에밀 뒤르켐(E'mile Durkheim : 1858~1917)은 사회학을 학문의 위치에 굳게 올려놓은 사람이다. 그는 사회학을 사회생리학, 사회형태학, 일반사회학 분야로 구분하였다.

관료제 연구로 유명한 독일의 사회학자이자 경제학자였던 막스 베버(Max Weber : 1864~1920)는 역사 속에서 종교적 가치와 인간의 정신 작용이 어떠한 역할을 했는지 깊이 연구하였다.

이후 사회학은 경제사회학, 구조주의사회학, 농촌사회학, 지역사회학 등 수많은 분야로 범위가 넓어졌다. 오늘날의 사회를 이해하는 데 큰 공헌을 하고 있다.

사회학의 한 종류인 지식사회학은 지식의 여러 형태를 사회적인 모든 조건과의 연관에서 연구한다. 카를 만하임이 가장 유력한 주장자인데, 만하임은 마르크스의 영향을 많이 받았으나 마르크스에 의한 당파적 일면성을 극복하였다고 평가받는다.

1947년 1월 9일 영국 런던에서 사망하였으며, 『이데올로기와 유토피아』『재건기에 있어서의 인간과 사회』 등의 저서를 남겼다.

*** 1947년 1월 9일 '독일 사회학자 만하임 사망' 참조**

1770년 3월 27일

이탈리아 화가 티에폴로 사망하다

조반니 바티스타 티에폴로(Giovanni Battista Tiepolo : 1696~1770)는 1696년 3월 5일 이탈리아의 베네치아에서 태어났다.

그가 태어난 시기의 이탈리아에는 바로크 미술이 유행 중이었다. 티에폴로는 주로 신화나 성서 이야기를 주제로 다루었는데, 그의 색채 기법은 스페인 화가 고야에게 지대한 영향을 미쳤다.

베네치아파의 대표적인 화가로 평가받는 티에폴로는 1770년 3월 27일 스페인 마드리드에서 사망하였다. 주요 작품으로 「로레토로의 성옥의 이전」「세계의 4부분의 우의」「성녀 테레사의 영광」 등을 남겼다.

1962년 3월 27일

국제극예술협회, '세계 연극의 날' 선포

국제극예술협회ㅠ는 1948년 6월 유네스코의 후원으로 창설되었다. 세계 최대의 국제 연극 기구로 연극, 무용, 음악극 등 공연 예술 전반에 걸친 예술가와 예술 단체가 가입하였다.

국제극예술협회는 1962년 3월 27일, 매년 3월 27일을 연극의 날을 정했다고 선포했다. 이날에는 세계 각국의 연극인들이 공연을 하고 학술제와 축제가 벌어진다.

1958년 3월 27일

흐루쇼프, 소련 총리 취임

1953년 3월 5일 스탈린이 사망한 후 소련에서는 그의 정책들이 취소되기 시작했다. 또한 스탈린의 개인숭배와 독재 권력에 대한 비판이 일어났다. 이러한 비非스탈린 노선의 선두에는 니키타 세르게예비치 흐루쇼프(Nikita Sergeyevich Khrushchev : 1894~1971)가 있었다.

1953년 소련의 제1 서기가 된 흐루쇼프는 1956년 제20차 공산당 대회에서 스탈린의 범죄를 폭로하고 레닌식의 당내 민주화 도입, 생산성 향상을 위한 개혁 등을 추진하였다.

그리고 1958년 3월 27일 흐루쇼프는 소련의 총리가 되었고, 이후 그는 스탈린 체제와는 다른 '신노선'을 추진하였다.

3월 28일

1868년 3월 28일

러시아 소설가 막심 고리키 태어나다

"무엇 때문에 내 아들과 그의 동지들이 재판을 받았는지 여러분은 알고 계십니까? 제가 모든 걸 말씀드리지요. 에미의 진심을 믿어주세요."

"빈곤과 굶주림, 질병, 이따위 것들이 바로 사람들이 죽어라 노동해서 받는 대가입니다. 모든 게 다 우리를 못 잡아먹어 안달입니다. 우리는 매일매일 노동과 진흙 구덩이, 그리고 사기 속에서 우리의 생명 전체를 죽여 가고 있습니다. 반면에 다른 사람들은 우리의 노동을 가지고 마음껏 즐기고 배불리 처먹으면서도 쇠사슬에 묶인 개처럼 우리를 무지 속에 묶어 두고 있습니다. 우리는 사실 아는 것도 하나 없습니다. 언제나 벌벌 떨며 살아와 모든 걸 두려워하고 있습니다. 밤이 바로 우리의 삶이었습니다. 칠흑 같은 밤 말입니다!"

-막심 고리키, 『어머니』

　볼셰비키 혁명을 주도한 레닌과 막역한 사이였던 막심 고리키(Maxim Gorky : 1868~1936)는 레닌의 영향을 받아 소설 한 편을 쓰게 되었다. 그것이 『어머니』였는데, 이 작품은 러시아 문학에서 노동 계급을 다룬 진정한 의미의 첫 소설이었다. 고리키는 이 작품을 통해 사회주의 혁명이라는 또 다른 세계를 창조하게 된 것이다.

　고리키의 원래 이름은 '알렉세이 막시모비치 페슈코프(Aleksey Maksimovich Peshkov)'이다. 필명인 '고리키'는 '쓰라린 자'를 뜻하는데, 그는 러시아 혁명의 기운을 받아들이면서 '러시아 문학의 아버지'로 불리게 된다.

　고리키는 제정 러시아의 전제 정치가 끝을 보이기 시작하는 1868년 3월 28일에 태어났다. 7세 때 고아가 되어 학교도 다니지 못하고 그릇 닦이, 야경꾼, 철도 화물꾼 등과 같은 힘든 일을 하면서 유년 시절을 보냈다.

　그러나 1892년 혁명가 코플렌코를 만난 후 첫 작품 『마카르츄드라』를 발표하여 호평을 받았다. 1895년에는 『첼카쉬』를 발표하여 프롤레타리아 문학의 선구자로 나아가기 시작했다.

　고리키는 1905년 '피의 일요일' 사건을 불러일으킨 시위에 참여해 참혹한 현장을 직접 목격하고 흥분한다. 곧 「전 러시아 국민과 국제 사회 여론에 호소한다」라는 글로 사건의 진상을 전 세계에 알리려 했다. 그러나 곧 체포되어 감옥에 갇혔다. 러시아의 언론과 유럽의 지식인들은 그의 석방을 외쳤고, 고리키는 무사히 풀려나게 되었다. 석방된 후 그는 레닌을 만나 소련 공산당에 입당하였다.

　그의 대표작 『어머니』는 1907년 미국에서 발표되었다. 이때는 고리키가 레닌으로부터 미국에 가서 러시아의 혁명 의지를 선전하고 후원

금을 모금하도록 부탁받았던 시기였다.

고리키가 『어머니』를 쓰던 당시 러시아 문학은 톨스토이, 도스토예프스키, 투르게네프 등이 추구하던 사실주의가 주류였다. 그러나 고리키는 사실주의와 민족주의적 작품에서 벗어나 거친 삶을 대변하는 프롤레타리아 문학을 창조해 냈다. 이후 고리키는 러시아 혁명을 지지해 1932년 소련 작가 동맹 의장으로 취임하였다.

그의 다른 작품으로는 『유년 시대』 『나의 대학』 등이 있고, 『레토피시』와 『신생활』이라는 잡지를 발행하기도 하였다. 고리키는 노동자가 평등하게 대접받는 세상을 위해 문학을 했으며 사회주의 테러와도 맞섰다.

고리키는 1936년 6월 14일 폐렴으로 죽었다고 알려져 있지만, 제2차 세계 대전을 준비하는 파시스트에게 독살되었다고도 전해진다.

1943년 3월 28일

러시아 작곡가 세르게이 라흐마니노프 사망하다

라흐마니노프는 20세기 초반의 전 세계 음악적 흐름과는 무관한 자신만의 낭만주의적인 이상을 굳건히 지키고 있었다. 그는 20세기 음악을 이해하지도, 관심을 가지지도 않았다고 솔직히 말하였다.

러시아의 피아니스트이자 작곡가였던 세르게이 바실리예비치 라흐마니노프(Sergei Vasilyevich Rakhmaninov : 1873~1943)는 20세기 최후의 낭만주의 작곡가로 기억된다.

라흐마니노프는 1873년 4월 1일 러시아 노브고로드의 귀족 집안에서 태어났다. 그는 모스크바 음악원에서 음악적 소양을 쌓았으며 19세에 졸업하였는데, 당시 단막 오페라『알레코』로 음악원 금상을 수상하였다. 1901년『피아노 협주곡 제2번』을 발표하여 작곡가로서 인정받기 시작했다. 1906년 독일의 드레스덴으로 이주한 후에는『피아노 협주곡 제3번』등을 작곡하였다.

4년 후 라흐마니노프는 다시 러시아로 돌아와 음악 활동을 이어갔다. 그러나 1917년 소비에트 혁명으로 제정 러시아가 붕괴되자 가족들과 함께 러시아를 떠나게 되었다.

미국으로 망명을 떠난 라흐마니노프는 숨을 거둘 때까지 항상 고국을 그리워하며 지냈다. 이 시기에 작곡한 곳이 바로『파가니니 주제에 의한 광시곡』이었다.

사실상 라흐마니노프가 작곡 활동을 한 시기는 20세기이나 그의 음악적 경향은 19세기 음악 세계의 재생이었다. 고전주의적 기법과 낭만주의적 감성 그리고 화려한 기교와 러시아적 선율로 가득 찬 그의 음악은 사람들의 귀를 한 번에 매혹시켰다.

그러나 고국에 대한 그리움으로 그는 창작 활동에 전념할 수 없었으며, 주로 유럽과 미국에서 피아니스트로 활동하며 남은 생애를 보내다가 1943년 3월 28일 미국에서 숨을 거두었다.

1941년 3월 28일

영국 작가 버지니아 울프 사망하다

한 잔의 술을 마시고

우리는 버지니아 울프의 생애와

목마를 타고 떠난 숙녀의 옷자락을 이야기한다.

목마는 주인을 버리고 그저 방울 소리만 울리며

가을 속으로 떠났다.

– 박인환, 「목마와 숙녀」

1882년 1월 25일 영국 런던에서 태어난 버지니아 울프(Virginia Woolf : 1882~1941)는 철학자인 아버지의 영향을 받아 지적인 분위기에서 자랐다. 1912년 비평가이며 경제학자인 레너드 시드니 울프와 결혼하였다. 그 후 남편과 함께 예술가, 비평가, 문인으로 구성된 블룸즈버리 그룹을 만들었다.

그녀는 작품의 초점을 줄거리나 성격에 두지 않고 인물의 의식에 두었다. '의식의 흐름' 기법을 이용한 작품인 『댈러웨이 부인』을 1925년에 발표하여 호평을 얻었다. 또한 1927년 제임스 조이스, 마르셀 프루스트와 함께 이 방법을 이용해 인간 내면의 가장 깊은 곳을 탐색한 『등대로』를 발표하였다.

그녀는 1895년부터 앓아온 신경증으로 고생하다 재발이 두려워 1941년 3월 28일 투신자살하였다. 그녀가 남긴 유작들은 남편이 출판하였다. 『댈러웨이 부인』 『파도』 『일반 독자』 등의 작품이 독자들에게 널리 알려졌다.

1985년 3월 28일

프랑스 화가 마르크 샤갈 사망하다

—

샤갈의 마을에는 3월에 눈이 온다.

봄을 바라고 서 있는 사나이의 관자놀이에

새로 돋은 정맥이 바르르 떤다.

바르르 떠는 사나이의 관자놀이에

새로 돋은 정맥을 어루만지며

눈은 수천수만의 날개를 달고

하늘에서 내려와 샤갈의 마을의

지붕과 굴뚝을 덮는다.

　　　　　　　　　　　　　　　– 김춘수, 「샤갈의 마을에 내리는 눈」

프랑스 화가 마르크 샤갈(Marc Chagall : 1887~1985)은 1887년 7월 7일 러시아의 유대계 집안에서 태어났다. 1907년 페테르부르크에 가서 미술학교에 다녔으며 1910년에는 파리에서 그림 공부를 했다. 그리고 다음해인 1911년 큐비즘 기업을 적용한 작품을 출품해 당시 예술가들을 놀라게 만들었다.

초기작이 큐비즘의 영향 속에 있었던 데 반해 후기로 갈수록 점차 슬라브의 환상감과 유대인 특유의 신비성을 융합시키기 시작했다.

그는 소박한 동화의 세계나 고향의 생활, 하늘을 나는 연인들이란 주제를 즐겨 다루었다. 특히 자유로운 공상과 풍부한 색채는 보는 사람의 마음을 맑고 깨끗하게 풀어주는 매력이 있다. 표현주의 수법에 입체파의 성격을 가미한 작품으로 세상의 이목을 끈 인물이었다. 환상적인 분위기와 초현실적인 묘사로 인해 초현실주의의 선구자로 평가받고 있기도 하다.

1985년 3월 28일 사망하였으며,『바이올린 연주자』『기도하고 있는 유대인』『에펠 탑 앞의 신랑과 신부』등의 작품을 남겼다.

1910년 3월 28일

세계 최초의 수상 비행기 이륙하다

수상 비행기는 물 위에서 이착륙이 가능하도록 만든 비행기를 말한다. 프랑스의 앙리 파브르(Henri Fabre : 1882 ~ 1984)가 처음 설계해 이드라비온Hydravion이라는 이름을 붙였다.

이 수상 비행기가 1910년 3월 28일 프랑스의 마르세유 근처 호수에서 이륙에 성공하였다. 이륙 후 500m 가량을 비행한 것으로 알려져 있다.

그 후 1911년 미국의 커티스가 처음으로 실용적인 수상 비행기를 만들었다. 이 비행기는 영국, 러시아, 독일 등에 수출되기도 했다.

1920년대와 1930년대에 들어서 수상 비행기 제조 기술은 더욱 발전하였다. 이 시기 동안 세계에서 가장 크고 빠른 비행기로 인정받기도 하였다.

3월 29일

1974년 3월 29일

진나라 시황제의 병마용갱이 발견되다

중국 신화사 통신의 린안온 기자는 한 편의 기사를 작성했다.

'섬서성 여산 자락의 진시황릉 부근에서 무사도용이 출토되었다. 도용의 키는 1.68m 정도로 군복 차림에 무기를 들고 있었다. 이 무사용은 이 지역 농민이 우물을 파다 발견한 것이다.'

이 기사는 마오저뚱과 저우언라이를 비롯한 최고 지도자에게 전해졌고, 아래와 같은 지시 사항이 내려졌다.

"문물국은 빠른 시일 안에 적절한 조치를 취할 것."

1974년 3월 29일, 극심한 봄 가뭄이 중국 서부를 짓누르고 있었다. 산시 성 시안 시의 린퉁 구도 예외는 아니었다. 마을 노인은 청년들을 모아 우물을 파기로 했다. 땅은 자갈과 모래가 뒤섞여 있었지만 물을 얻지 못하면 농사를 망칠 수도 있어 사람들은 열심히 곡괭이질을 해댔다.

그러던 중 무언가 이상한 소리가 들리고 오래된 파편이 나오기 시작했다. 바로 중국 최초의 황제였던 진나라 시황제(秦始皇帝 : B.C. 259~B.C. 210)의 지하 궁전이었던 것이다.

이날 발견된 것은 시황제릉의 일부인 병마용갱이었다. 현재까지 모두 4개의 갱이 발견되었는데, 1호갱의 크기만 해도 길이 210m, 너비 60m에 달한다. 병마용갱은 시황제를 호위하는 군사들의 모습을 흙으로 구워낸 것으로, 아직 시황제가 묻혀 있는 곳은 발굴되지 않았다.

시황제릉과 일대를 전통적인 방식으로 완전히 발굴하는 데에는 수백 년이 걸린다고 한다. 그러나 병마용갱에서 발견한 6,000개 이상의 병사 토용만으로도 세계적인 관심을 끌기엔 충분했다.

현재까지 조사된 결과에 따르면 시황제릉의 구조는 하나의 거대한 지하 도시와 같다. 시황제의 묘만 해도 전체 면적이 $2km^2$에 달하고, 지하 4층으로 이루어진 거대한 궁전이 있다. 황릉의 안팎에 내성과 외성을 쌓아 당시 도읍지였던 시안의 모습을 그대로 옮겨 놓은 형태이다. 이외에도 살아 있을 때처럼 무덤 안에서 휴식을 취할 수 있도록 별도의 편전과 부장품을 놓은 부장묘 지역까지 만들어 놓았다.

이런 거대한 무덤을 만든 시황제는 도대체 어떠한 인물이며 얼마만한 권력을 가지고 있었을까?

전국 시대의 진나라는 변방국으로, 전국 칠웅 가운데 후진국이었다. 하지만 진의 효공왕(孝工王 : B.C. 361~B.C. 339)은 상앙을 채용하고 변법을 실시하였다. 상앙의 변법은 성공적이었고, 정치·군사·사회·경제에 두루 걸친 커다란 발전을 이룩할 수 있었다. 이는 대외 정복의 발판이 되었다. 후에 시황제가 된 정政이 진왕으로 즉위한 것은 B.C. 247년의 일이었다.

정은 진나라의 32대 왕인 장양왕의 아들이지만, 『사기』의 「여불위 열전」에 따르면 시황제 정은 조나라 장사꾼 여불위의 아들이라고 한다.

장양왕은 왕자 시절 조나라에 인질로 가 있었는데, 이때 여불위에게 미모가 빼어난 그의 애첩을 달라고 하였다. 이에 여불위는 비록 인질이었지만 장차 장양왕이 진나라의 왕위에 오를 것을 계산하여 그 부탁을 받아들였다. 하지만 이때 애첩은 이미 여불위의 아들, 즉 정을 임신한 상태였다.

이후 장양왕은 조나라에서 탈출하여 진나라의 왕이 되었으나 3년 만에 죽고, 겨우 13세에 불과했던 왕자 정이 왕위에 올랐다. 여불위는 새 왕의 숙부를 자처하며 섭정을 행했다.

그러나 성인이 된 진왕 정은 B.C. 238년부터 직접 왕권을 행사하기 시작해 어머니와 가까이 지내던 환관 노애를 죽이고, B.C. 235년에는 여불위를 몰아냈다.

큰 정적들을 물리친 정은 이사를 재상으로 명하고 법치주의에 따른 부국강병책을 추진하였다. 또한 몽염과 왕전을 시켜 주변국들을 하나둘 정복해 나가 한나라·조나라·위나라를 흡수한 다음, 고조선과 경계를 맞대고 있던 연나라까지 정복하였다. 그리고 B.C. 221년 제나라를 정복해 마침내 중국 통일을 이루었다.

천하를 통일한 정은 '왕'이 아닌 '황제皇帝'라는 호칭을 만들어 스스로를 칭하였으며, 자기가 죽은 후에는 '시황제始皇帝'라고 부를 것을 미리 명령해 두었다.

시황제는 천하를 통일한 이후 황제 중심의 중앙 집권제를 확립하였으며, 도량형과 화폐를 통일하였다. 또한 만리장성을 증축하는 등의 업적도 남겼다.

시황제는 권위를 강화하고 전제 정치를 행하는 과정에서 많은 오명을 얻기도 했다. 가장 악명 높은 사건은 다름 아닌 분서갱유였다. 당시 재상 이사는 황제에게 이렇게 간하였다.

"이제 폐하께서는 천하의 황제가 되셨습니다. 그런데 은밀하게 학문을 하는 자들은 조정에 들어오면 마음속으로 황제께 반항하고 바깥에 나가면 무리를 지어 반항할 것을 꾀하고 있습니다."

유교의 경전들은 진나라 이전의 나라인 주周의 법도를 찬양하고 있었다. 따라서 이사는 이것이 당시의 진나라에게 큰 부담이 되는 것으로 생각했던 것이다.

시황제는 학자들의 정치적 비판을 근본부터 없애고자 제자백가를 비롯한 모든 책을 불태우라고 명했다. 이때 살아남은 책은 농업 · 의료 등 실용서에 포함되는 서적들이었다. 그 후 B.C. 212년 후생이라는 유생이 이 사건을 빗대어 시황제를 비난하자 시황제는 이를 핑계로 468명이나 되는 유생을 생매장하였다.

하지만 천하의 시황제라도 늙는 것만은 막을 수 없었다. 그래서 서시徐市에게 명령하여 바다에 있는 봉래 · 방장 · 영주라는 신선의 산으로 가서 불로초를 구해 오라고 하였다. 또한 죽어서 지낼 무덤을 도성 동쪽에 있는 여산驪山에 짓게 했다.

『사기』에 따르면 시황제는 무덤을 만들면서 '장인에게 명령하여, 기계로 움직이는 화살을 만들어 구멍을 파고 묘실로 들어오는 자를 쏘도록

하였다'고 한다. 또한 『수경주』에 따르면 능을 만들기 위해 인부 70만 명이 몇 년 동안 노역했다고 한다. 진나라가 망한 후 항우가 시황제의 무덤을 파 물건을 꺼내 오는 데 30만 명을 동원해 30일이 걸렸다고 한다. 그래도 모두 다 꺼낼 수는 없었다고 전한다.

시황제는 B. C. 210년 사망하였으며, 2,000여 년이 지난 1974년 3월 29일 드디어 그의 능이 후대인에게 발견되었다. 그러나 정작 시황제가 어디에 묻혔는지는 아직도 알 수 없다.

1736년 3월 29일

미국 독립 지도자 헨리 태어나다

"자유가 아니면 죽음을 달라."는 연설로 유명한 패트릭 헨리(Patrick Henry : 1736~1799)는 1736년 3월 29일 미국에서 태어났다.

그는 독학으로 공부하여 저명한 변호사가 되었으며, 1765년에는 영국의 인지 조례에 강력히 반대하였다. 그의 성향은 급진주의자에 속하며 개인의 자유를 강조하였다. 미국 독립을 지도한 정치가 중 한 명이었던 그는 1787년에 주州 자치권이 위협받을 수 있다고 하여 중앙 정부 수립에 반대하기도 하였다.

1799년 6월 6일 레드 힐의 자택에서 사망하였다.

1867년 3월 29일

미국 야구 선수 사이 영 태어나다

1867년 3월 29일 미국 오하이오 주에서 미국 메이저리그의 전설적인 투수 사이 영(Cy Young : 1867~1955)이 태어났다. 본명은 덴튼 트루 영Denton True Young으로, 사이 영이라는 별명은 공이 사이클론cyclone처럼 빠르다는 의미로 붙었다.

그는 1890년 메이저리그 입단 이후 역대 최다승인 511승과 함께 7,377이닝 투구, 2,819개의 탈삼진, 749경기 최다 완투 기록 등 전설적인 기록을 세웠다.

1911년 은퇴한 사이 영은 1955년 11월 4일 88세의 나이로 사망하였으며, 미국 메이저리그는 그를 추모하여 1957년부터 리그별 시즌 최우수 투수를 뽑아 사이영상을 수여하고 있다.

3월 30일

1853년 3월 30일

네덜란드 화가 빈센트 반 고흐 태어나다

눈부시게 다가오는 빛에 그의 두 눈이 반짝였다. 화가의 따뜻한 마음과 두 눈은 '인간'을 그렸고 그 마음을 그렸다. 하지만 그의 자화상 뒤에는 처절하고 피할 수 없는 여정이 담겨 있었다.

강렬한 색감으로 그림을 한눈에 인식시켜 버리는 화가 빈센트 빌렘 반 고흐(Vincent Willem van Gogh : 1853~1890)는 1853년 3월 30일 네덜란드에서 태어났다.

개신교 목사의 6남매 가운데 맏아들이었던 고흐는 16세 때인 1869년 작은아버지가 일하고 있는 헤이그의 구필화랑에 수습사원으로 들어갔다. 1873년 3월에는 헤이그를 떠나 구필화랑 런던 지점으로 발령을 받았고, 파리 지점에서 일하기도 했다. 하지만 그는 런던에서 근무할 당시부터 신비주의에 빠져들기 시작했다.

고흐는 고통 받는 사람들에 대해 애정을 가지고 성직자가 되기 위해 신학을 공부하였다. 그리고 26세의 겨울, 벨기에 남서부의 탄광 지역으로 선교를 나선 그는 가난한 사람들과 똑같은 생활을 하고 똑같은 음식을 먹었다. 그는 자신이 가진 모든 재산을 가난한 사람들에게 나누어 주었는데 이 때문에 더 이상 선교를 할 수 없었다. 성경의 가르침을 너무 정직하게 실행했다는 이유 때문이었다.

고흐는 절망에 빠져 다시 한 번 자신에 대해 깊게 생각하였다. 고흐는 선교가 아닌 예술을 통해 인류에게 위안을 줄 수 있고 그것이 자기가 하늘에서 부여받은 임무라는 결론에 이르렀다.

1880년 고흐는 드디어 붓을 잡았다. 그가 예술가로 활동한 기간은 1880년 이후 10년뿐이었다. 처음 4년 동안은 그림을 그리는 방법을 익히고 주로 데생과 수채화만 그렸다. 이후 고흐의 많은 역작들이 탄생했다.

한편 1888년에는 「타이티의 여자들」 등으로 유명했던 화가 폴 고갱(Paul Gauguin : 1848~1903)과도 지냈지만 서로 성격과 의견이 맞지 않았다. 고흐는 신경과민으로 발작을 일으켜 왼쪽 귀의 일부를 잘라 냈고, 고갱은 그의 곁을 떠났다.

후기 인상주의를 대표하는 화가 고흐는 살아생전 그다지 인정받지 못하였으며, 그의 작품들은 사후에 인정받기 시작했다. 최초의 개인전은 1890년 7월 29일 그가 죽은 지 2년이 지난 후인 1892년에 열렸고, 그가 살아 있는 동안 그의 그림에 대한 비평은 단 한 번밖에 없었다.

그의 그림은 감정에 따라 대상을 왜곡하였고 형체와 공간을 마음대로 해석하였다는 평을 받았으나, 대상을 주관적으로 바라보았던 그의 시선은 현대 회화에 깊은 영향을 주었다. 독일 표현주의 화가들 역시 고흐의 영향을 지대하게 받았을 뿐만 아니라, 20세기의 야수파 역시 그의 격정적인 필치에 큰 영향을 받았다.

대표적인 작품으로는 「해바라기」 「자화상」 「아기를 재우는 여인」 「삼나무」 「별이 빛나는 밤」 등이 있다.

1856년 3월 30일

크림 전쟁이 종료되다

1856년 3월 30일, 파리에서는 한 가지 국제 조약이 체결되었다. 이 조약이 체결됨으로써 마침내 러시아, 영국, 프랑스, 오스만 제국, 오스트리아 등이 참가한 크림 전쟁은 종결되었다.

전쟁의 발단은 러시아 제국이 오스만 제국 내의 정교회 교도들에 대한 보호권을 주장한 데에서 시작되었다. 팔레스타인의 성지를 둘러싼 러시아 정교회와 로마 가톨릭 사이의 권한 다툼을 배경으로 프랑스와 영국이 참전하는 등 중동을 둘러싼 열강들의 이권 다툼으로 확대되었다. 전쟁의 대부분이 흑해에 위치한 크림 반도에서 일어나 크림 전쟁으로 부른다.

1853년 러시아는 오스만 제국(오늘날의 터키)의 세력이 약해진 틈을 타 침공하였다. 러시아는 예카테리나 여제 이후 줄곧 영토를 확장하였고, 오스만 제국의 콘스탄티노플을 지나 지중해로 진출하려 꾀하였다.

러시아가 지중해에 진출하게 될 경우, 식민지 경영에 큰 문제가 발생할 수 있는 영국과 프랑스는 오스만 제국을 지원하였다. 프랑스의 나폴레옹 3세는 정국의 불안을 전쟁으로 극복하고, 예루살렘 성지에서 가톨릭의 특권을 인정받아 명예를 회복하려고 하였다.

크림 전쟁이 발발하자 영국과 프랑스의 동맹에 오스트리아가 합세하였고 결국 러시아는 패배하고 말았다. 그에 따라 1856년 3월 30일 파리 조약이 성립된 것이다. 조약 이후 러시아는 발칸 지역에서의 영향력이 크게 약화되었으며 남진 정책 또한 후퇴하게 되었다.

한편 1856년의 파리 조약을 통해 전쟁에 참가하지 않는 중립적 위치의 사람들에게도 재산과 권리 보호가 있음이 처음으로 규정되었다. 이것은 후에 국제 적십자의 설립을 촉진하는 계기가 되었다.

1746년 3월 30일

스페인 화가 프란치스코 고야 태어나다

18세기 스페인을 대표하는 화가인 프란시스코 호세 데 고야 이 루시엔테스(Francisco José de Goya y Lucientes : 1746~1828)는 1746년 3월 30일 스페인의 펜테토도스에서 태어났다.

가톨릭 수도원의 학교에서 교육을 받았으며, 1760년에 14세가 되자 종교화가 호세 루산에게 그림을 배웠다. 1770년에 이탈리아로 유학을 떠났고, 29세가 되던 1775년에 마드리드에서 본격적으로 그림을 그리기 시작했다.

1798년 궁정 수석 화가가 되어 「카를로스 4세 일가의 초상」 등의 작품을 그렸으나 왕실 일가의 모습을 미화하지 않고 사실적으로 표현해 냈다. 작품 「5월 3일의 처형」에는 스페인에 쳐들어 온 프랑스 군대의 잔학한 모습을 표현하였고, 고전적인 비너스의 모습에서 벗어난 「옷을 입은 마하」 「옷을 벗은 마하」 등의 작품 또한 유명하다.

낭만주의 화풍이 생생히 살아 있는 고야의 초기 작품에는 즐거운 로코코풍이 보이지만 후기에는 렘브란트의 영향이 강하게 나타나는 특징을 보인다.

1828년 4월 16일 프랑스의 보르도에서 사망하였다.

1945년 3월 30일

영국 기타리스트 에릭 클랩턴 태어나다

『Disraeli Gears』 등의 음반에서는 그의 놀라운 기타 연주를, 「Tears In Heaven」에서는 애틋한 사연이 담긴 그의 목소리를 들을 수 있다.

‘기타의 신’으로 불리는 블루스록의 창시자 에릭 패트릭 클랩턴(Eric Patrick Clapton : 1945~)은 1945년 3월 30일 영국 리플리에서 태어났다.

1963년 리듬앤드블루스 그룹 야드버드에 가입하면서 그의 기타 연주는 두각을 나타냈다. 당시 빠르게 기타를 치던 스타일이 붐을 이루고 있을 때 정확하고 절제된 기술을 구사하면서 '슬로 핸드'라는 이름을 얻기도 했다. 이후 '크림' '데릭 앤드 더 도미노스' 등의 전설적인 밴드를 거치며 세계적으로 인정받기 시작했다.

1990년대 이후로는 기타 연주보다는 잔잔한 목소리의 음악을 대중에게 선보여 세기의 기타리스트이자 싱어송라이터로 사랑받고 있다.

3월 31일

1596년 3월 31일

프랑스 철학자 데카르트 태어나다

눈뜨기 힘든 아침 시간, 같은 또래의 아이들과 다르게 몸이 유달리 약했던 한 아이는 교장 선생님께 허락을 받고 편히 침대에 누워 있었다. 아이는 생각했다. 그리고 존재했다.

데카르트는 어린 시절을 이렇게 보냈다. 중년이 된 데카르트는 이 시절의 조용한 아침 명상이 자신의 철학과 수학의 참다운 원천이었다고 얘기했다.

프랑스의 대표적인 철학자이자 수학자인 르네 데카르트(Rene′ Descartes : 1596~1650)는 16세기가 끝날 무렵인 1596년 3월 31일 투렌 라에에서 태어났다.

유달리 몸이 약했던 그는 10세 때 예수회 소속의 학교에 입학하여 8년 동안 기하학 · 철학 · 물리학 등 여러 분야를 두루 공부했다. 그가 침대에 누워 있던 어린 시절의 어느 날, 파리 한 마리가 앵앵거리다가 천장에 붙었다. 르네에게 문득 한 생각이 스쳐 지나갔다.

'저 놈이 앉은 자리를 수치로 나타내면 어떻게 될까?'

그리고 르네 데카르트는 이때 처음으로 '좌표'라는 생각을 하게 되었다. 즉, 천장의 한 변은 x축이고 다른 변은 y축이다. 만약 파리가 움직이면 x의 값이 변하면서 y의 값도 따라서 변한다. 여기에서 출발하여 직선뿐만 아니라 원, 타원, 쌍곡선과 같은 기하학적 도형도 모두 식으로 나타낼 수 있다고 깨달은 순간이었다.

수의 성질을 연구하는 대수학과 도형의 성질을 연구하는 기하학을 하나로 묶은 데카르트의 해석 기하학은 이렇게 출발하였다. 한편 데카르트는 대수학의 기호화에도 큰 노력을 기울여 오늘날처럼 상수는 a, b, c⋯, 미지수는 x, y, z⋯으로 나타내었다.

데카르트는 수학을 모든 과학의 여왕이라 하여 모든 학문에 수학을 적용시키려고 하였고, 물질과 영혼을 구별하는 이원론을 주장하면서 물질의 존재를 수학에서 나오는 여러 속성에서 파악하려 하였다.

그의 생각은 17세기부터 꾸준히 발달해온 자연 과학 발달에 따른 것이었다. 물질은 신의 영역과 구분되며 신앙의 권위를 내세운 중세의 사고에서 벗어나기 시작한 것이다. 이와 같은 데카르트의 기계론적인 자연관은 18세기에 이르러 지배적인 사고로 자리 잡게 되었다.

1618년, 데카르트는 지원 장교로 네덜란드군에 입대하였으며, 여가 시간에는 수학을 연구하였다. 이때 네덜란드의 수학자였던 이사크 베이크만(Isaac Beeckman : 1588~1637)을 만나 수학적 재능을 인정받고 수학에 큰 관심을 가지게 되었다.

데카르트는 1619년 베이크만에게 이렇게 보고했다.

연속량 또는 불연속량으로부터 나오는 어떠한 종류의 문제라도 그것을 본래의 성질에 일치하도록 일반적으로 풀 수 있는 새로운 과학을 발견하였습니다. 이로써 기하학이 발견해야 할 일은 거의 아무것도 남지 않았습니다.

그리고 이때 데카르트는 그 유명한 '회심回心'을 하였다.

첫째, 알고 있는 모든 과학적 지식을 방법적으로 의심하고, 분명하고 확실한 것에서 출발하여 모든 과학을 다시 만들어 본다.
둘째, 한 사람의 위대한 인물이 예술이나 건축을 완성하는 것과 같이 모든 의문점들을 모두 자신이 풀이해 본다.

그는 1625년부터 파리에서 광학을 연구하면서 '빛의 굴절 법칙'을 발견하였고, 1629년부터 네덜란드에 머물면서 철학과 자연과학에 몰두하였다. 1637년에는 『방법 서설』과 함께 「기하학」「굴절광학」「기상학」 등의 논문도 발표하였다. 철학과 관련해서는 1641년에 『성찰록』을, 1644년에 『철학의 원리』를 출간하였다.

데카르트가 바라보는 세계는 가치를 떠나 합리적으로 보려는 과학적 자연관에 따른다. 이러한 입장에서 정신의 내면성을 이해하려 하였다.

이것을 이원론二元論이라고 하며, 그가 근대 철학의 아버지가 될 수 있었던 새로운 방법론이었다.

그의 철학은 이른바 방법적인 의심에서 출발한다. 학문으로 진리에 도달하기 위해서는 확실하지 않은 모든 것은 의심해야 하지만 의심하고 있는 자신만은 의심할 수 없는 확실한 존재이다. 그리하여 '나는 생각한다, 고로 나는 존재한다cogito, ergo sum'라는 근본 원리가 나오게 되었다.

이 확실성에서 세계에 관한 모든 이해가 출발하게 된다. 의심하고 있는 불완전한 존재에서 완전한 존재자를 생각할 수 없기 때문에 신이 있다는 것이 확실해질 수 있다. 또한 신의 성실이라는 것을 매개로 하여 물체의 존재도 증명된다. 생각을 담당하고 있는 정신은 육체가 없어도 존재할 수 있기 때문에 심신은 구별이 가능해진다. 정신과 물체는 서로 독립된 실체로 존재하며, 이러한 물심物心 이원론에 따라 기계론적 자연관이 이루어진다.

그러나 인간에게서 심신 결합의 사실을 인정하지 않으면 도덕의 문제를 풀 수 없기 때문에, 이 물심 분리와 심신 결합의 모순 조정은 데카르트 이후 형이상학의 주요한 주제가 되었다.

그러나 데카르트는 칼뱅주의 신학자들에게 비난을 받게 되었고, 네덜란드를 떠나 스웨덴으로 옮겨 갔다. 그러나 그는 북유럽의 차가운 날씨를 견디지 못하고 폐렴에 걸려 1650년 2월 11일 사망하였다.

1732년 3월 31일

오스트리아 작곡가 하이든 태어나다

1792년 3월 제6회 잘로몬 콘서트에서 하이든이 새로운 교향곡을 초연할 때였다.

조용히 흐르던 음악이 2악장에 이르자 갑자기 우람한 팀파니 소리와 더불어 포르티시모의 큰 음이 터져 나왔다. 깜짝 놀란 청중들은 잠에서 깨어났다.

이것이 바로 하이든 교향곡 제94번, 즉『놀람 교향곡』의 유래이다.

'교향곡의 아버지'라 불리는 프란츠 요제프 하이든(Franz Joseph Haydn : 1732~1809)은 1732년 3월 31일 오스트리아의 작은 마을 로라우에서 태어났다.

1740년에 빈에서 성 시테판 사원의 소년 합창단원이 되었고, 1759년부터 3년간 모르찐 백작의 악장으로 일했다. 그리고 1761년 헝가리 귀족인 에스테르하지 후작의 궁정에 들어가 30년간 악장으로 지내며 작곡을 하였다.

후작의 궁정에서는 매일같이 음악회가 열렸고, 하이든은 연락 없이 찾아오는 손님을 위해 언제나 음악을 준비해 둬야만 했다. 그가 교향곡의 아버지로 불리게 된 데에는 이와 같은 배경이 있었던 것이다.

음악가로서 하이든은 볼프강 아마데우스 모차르트(Wolfgang Amadeus Mozart : 1756~1791)와 만나 음악적 교류를 나누었다. 1792년에는 루트비히 판 베토벤에게 음악을 가르치기도 하였다.

모차르트와 함께 빈 고전주의 음악가 중 한 사람으로 손꼽히는 하이든은 100여 개의 교향곡과 150여 개의 관현악곡을 비롯하여 다양한 오라토리오와 오페라를 남겼다.

1809년 5월 31일 오스트리아의 빈에서 사망하였으며,『놀람 교향곡』『토스토 교향곡』『천지창조』등의 많은 작품이 지금도 즐겨 연주되고 있다.

1970년 3월 31일

일본 적군파, 비행기 공중 납치 후 김포공항에 비상 착륙

1970년 3월 31일, 도쿄발 후쿠오카행 일본항공 B727 요도호가 일본 적군파 9명에게 공중 납치되어 김포국제공항에 비상 착륙하였다.

일본 역사상 최초의 비행기 공중 납치 사건이 발생한 순간이었다.

비행기를 납치한 적군파는 일본의 극좌 행동주의 조직이었다. 고니시 다카히로(小西隆裕 : 1944~)를 포함한 적군파 9명은 도쿄 하네다 공항을 출발한 JAL 요도호를 공중에서 납치하여, 기장 및 승무원 7명과 승객 122명을 인질로 삼았다.

당초 요도호의 목적지는 후쿠오카 공항이었으나 다카히로 등은 북한으로 갈 것을 명령하였다. 그러나 연료 보급 문제 등으로 바로 평양공항으로 갈 수 없었던 요도호는 후쿠오카 공항에 잠시 머물러 연료를 채우며 승객 23명을 석방한 뒤 다시 출발하였다.

적군파의 요도호 공중 납치 소식을 접한 대한민국은 요도호의 기장과 비밀 교신을 통해 적군파를 교란, 김포국제공항을 평양공항으로 오인하게 만들어 착륙하게 하였다. 그러나 몇 시간 지나지 않아 적군파는 자신들이 도착한 곳이 평양이 아니라 서울임을 깨닫게 되었고, 이후 대한민국 측 대변인과 교섭을 시작하였다.

결국 이들은 야마무라 신지로(山村新治郎 : 1933~1993) 일본 운수성 정무 차관을 인질로 삼는 대신 탑승객 전원을 석방하였고, 요도호는 북으로 떠났다. 그리고 4월 5일 요도호의 기장과 부기장은 야마무라 정무 차관과 함께 일본으로 귀환하였다.

이후 일본은 적군파를 국제 수배하였고, 이 중 2명은 재판정에 섰으며 3명은 사망하였다. 남은 4명은 현재 북한에서 생존 중인 것으로 밝혀졌다.

1809년 3월 31일

러시아 작가 고골 태어나다

제정 러시아의 소설가이자 극작가였던 니콜라이 고골(Nikolai Gogol : 1809~1852)은 1809년 3월 31일 러시아 우크라이나의 소로친치에서 태어났다.

러시아의 비판적 사실주의 문학의 아버지라고 불리는 고골은 하급 관리나 몰락한 지주의 비참한 생활을 사실적으로 표현해 냈다. 최초의 성공작인 단편집 『디칸키 근교 농촌 야화』는 우크라이나 지역의 농촌을 배경으로 환상적이고 낭만적인 이야기를 다루고 있다.

러시아 지배 세력의 박해로 이탈리아, 스위스, 프랑스 등 유럽을 떠돌며 살았던 고골은 만년에 러시아로 돌아왔으며, 1852년 2월 21일에 사망하였다.

그의 다른 작품으로는 『죽은 넋』 『코』 『광인 일기』 『외투』 등의 소설과 희곡 『검찰관』 등이 남아 있다.

3월의 모든 역사 _세계사

초판 1쇄 인쇄 2012년 3월 1일
초판 1쇄 발행 2012년 3월 5일

지은이 이종하

펴낸이 김연홍
펴낸곳 디오네

출판등록 2004년 3월 18일 제313-2004-00071호
주소 121-865 서울시 마포구 연남동 224-57
전화 02-334-7147　**팩스** 02-334-2068
주문처 아라크네 02-334-3887

ISBN 978-89-92449-85-4　03900